True Value Selling

Bernhard Kaschek

True Value Selling

So verankern Sie Ihr Angebot direkt in der
Wertschöpfungskette Ihrer Kunden

Bernhard Kaschek
Hohenfels, Deutschland

ISBN 978-3-658-03820-5   ISBN 978-3-658-03821-2 (eBook)
DOI 10.1007/978-3-658-03821-2

Die Deutsche Nationalbibliothek verzeichnet diese Publikation in der Deutschen Nationalbibliografie; detaillierte bibliografische Daten sind im Internet über http://dnb.d-nb.de abrufbar.

Springer Gabler
© Springer Fachmedien Wiesbaden 2014

Gedruckt auf säurefreiem und chlorfrei gebleichtem Papier.

Springer Gabler ist eine Marke von Springer DE. Springer DE ist Teil der Fachverlagsgruppe Springer Science+Business Media
www.springer-gabler.de

Vorwort

Ich freue mich sehr, dass Sie sich für dieses Buch interessieren. Offenbar ist es für Sie wichtig, mehr über die Zusammenhänge zwischen einer Verkaufsarbeit auf hohem Niveau und den Möglichkeiten einer echten und praxisbezogenen ökonomischen Nutzenstiftung für Ihre Kunden und Ihr eigenes Unternehmen zu erfahren.

Bei einem unserer letzten Projekte für ein großes deutsches Unternehmen aus dem Bereich Maschinen- und Anlagenbau gab es folgende Situation: Ein bestimmtes Sales-Projekt, Größenordnung ca. € 1.000.000,00, sollte mit der Methodik von True Value Selling analysiert werden. Die Frage dabei war: Wo gibt es genügend Potenzial, das dem Kunden einen echten finanziellen Nutzen bringen könnte und gleichzeitig dafür sorgte, dass dieser nicht auf den Preis fokussierte? Am Ende der Arbeit hatten wir gemeinsam mit dem zuständigen Verkaufsteam € 400.000,00 an Kostensenkungspotenzial durch den Einsatz dieser Maschine gefunden, die sich im ersten Jahr für den Kunden sofort auswirken konnten. Diese € 400.000,00 veränderten die Position des Lieferanten vollständig. Einer der Mitarbeiter sagte: „Wir sollten eigentlich unser Angebot zurückziehen und neu für mindestens € 1.200.000,00 anbieten." Und prinzipiell hatte er natürlich recht damit.

True Value Selling wird im Fortgang dieses Buches mit dem Kürzel „TVS" bezeichnet.

Über das Thema „Nutzen" ist schon einiges gesagt und geschrieben worden; sicher ist, dass dies der wichtigste Ansatz ist, um dauerhaft im Verkauf erfolgreich zu sein. Vor allem im Großkundenbereich, bei A-, Key- oder Global-Accounts, ist ein nutzenstiftender Verkauf geradezu das Kernstück des Vertriebs und kann sogar als die Basis einer strategisch ausgerichteten Unternehmensorientierung bezeichnet werden. Das Nutzenangebot eines Unternehmens stellt schließlich den allergrundlegendsten Teil eines Geschäftsmodelles dar.

Lässt sich in einer Lieferanten-Kundenbeziehung kein besonderer Nutzen vermitteln, gibt es keine USPs in Ihrem Angebot oder wenigstens Wettbewerbsvorsprungsmerkmale, so bedeutet dies in der Konsequenz, dass es bei diesem Akquisitionsprojekt wohl nur um den Preis gehen wird. Der Kunde wird keine anderen Gründe haben, sich für einen der Anbieter zu entscheiden, und Sie werden sich auf einen vielleicht harten Preiskampf einstellen müssen.

Nutzen, wie er gestaltet ist und wie er kommuniziert wird, ist also das A und O eines funktionierenden Vertriebs. Ein funktionierender Vertrieb ist einer, der die Verkaufsfunktion in den Mittelpunkt der Ausrichtung stellt und dort den Nutzen des Angebotes so vermarktet, dass damit möglichst viele Alleinstellungen erreicht werden, sodass, daraus resultierend, das Thema „Preise" in den Hintergrund gerät.

Mit TVS erhalten Sie eine Methodik, die diese Aufgabe umfassend leistet. Bei TVS geht es primär nicht um eine geschickte Verkaufsargumentation, sondern um ein klares Verständnis der Wertschöpfungsprozesse Ihrer Kunden. Nur wenn Ihnen diese klar sind, können Sie Ihr Angebot und seinen Nutzen auch zielgerichtet darin platzieren. Dieses Wissen wiederum ist dann selbstverständlich die beste Grundlage für eine fundierte, nachvollziehbare Verkaufsargumentation.

True Value Selling ist eine einzigartige, strategisch wirksame Analyse- und Konstruktionsmethodik für Wertschöpfungssysteme. Sie entfaltet ihre ganze Kraft im hochwertigen Sales-Segment von Key-Account- und Global-Account-Management. Denn es bildet dort die perfekte Grundlage für ein professionelles Pricing, für neue Absatzstrategien, für eine exzellente Verkaufsarbeit und für echte, strategische Partnerschaften.

Vielleicht haben Sie sich, als Sie auf den Titel aufmerksam wurden, gefragt, was denn das Attribut „True" bei TVS bedeuten soll. Gibt es dann vielleicht auch ein „Untrue Value Selling"? Nun, es gibt natürlich schon einige Ansätze, die für sich in Anspruch nehmen, auf Wertstiftung angelegt zu sein. Allerdings sind die tatsächlichen Wertbeiträge dieser Methodiken nicht klar, auch, weil die Stoßrichtungen nicht eindeutig sind. TVS hingegen nimmt die ökonomische Wertschöpfung im Sinne von Umsatz- und Renditeerhöhung bzw. durch Kostensenkung ins Visier und stellt klare Zusammenhänge zwischen bestimmten Lieferantenleistungen und deren Auswirkungen auf diese Kundenziele her. Insofern wurde der Zusatz „True" gewählt und in vielen Projekten mit Konzern- und mittelständischen Unternehmen nachgewiesen.

Noch ein Aspekt vorab: Als wir TVS bei einem weiteren renommierten Maschinenbauer einführten, wurden dazu auch Gespräche mit drei Einkäufern geführt. Es war diesem Unternehmen wichtig zu verstehen, wie solch eine Methodik potenziell aus Sicht des Einkaufs betrachtet würde. Einer der interessantesten Kommentare war der eines Einkäufers aus der „strategischen Beschaffung": „Die Einkaufsentscheidung wird meist schon sehr früh im Beschaffungsprozess getroffen, und zwar von den Anwendern. Dann geht es für uns im Einkauf nur noch darum, den bestmöglichen Preis zu erzielen. Den Ansatz von TVS habe ich bislang noch nirgendwo gesehen. Wenn ich damit konfrontiert würde, würde ich dem Verkäufer natürlich nicht sagen, dass er mich überzeugt hat. Aber ich würde ggfs. den Einkaufsprozess neu aufrollen. TVS liefert Argumente und Betrachtungsweisen auf die Wertschöpfung, die ich als Einkäufer nicht ignorieren dürfte! Schließlich vertrete ich die Interessen meines Unternehmens, und das billigste Angebot ist oft nicht das beste, auch nicht unter Total-Cost-of-Ownership-Betrachtungen."

Total Cost of Ownership wird künftig, wenn nicht anders als sinnvoll erachtet, mit dem üblichen Kürzel „TCO" wiedergegeben.

In diesem Sinne wünsche ich Ihnen viel Freude und vor allem Erfolgserlebnisse mit der Methodik des True Value Selling!

Bernhard Kaschek, im Juni 2014

Inhaltsverzeichnis

True Value Selling: Umfeld und erste Ansätze

Inhaltsverzeichnis

1   Die Ausgangslage: Strategisches Management und strategischer Vertrieb

Strategisches Management – und vor allem der strategische Vertrieb als dessen wohl bedeutsamster Teil – hat die Aufgabe, den Wohlstand eines Unternehmens vor dem Hintergrund der allgemeinen Marktbedingungen, -chancen und auch -begrenzungen sicherzustellen. Das bedeutet, dass die verantwortlichen Manager durch ihr strategisches Handeln die bestmögliche Passung zwischen Produkten, Organisation, Unternehmenskultur und den angestrebten strategischen Zielen intern und vor allem mit dem Markt herstellen müssen.

Obwohl in den letzten Jahren viel über den Zusammenhang von Organisation, Geschäftsstrategie und Unternehmenserfolg geschrieben wurde, gibt es leider wenig wirklich praxisorientierte Einlassungen dazu. Die Erkenntnisse bleiben bei einem Großteil dieser Studien und anderen Veröffentlichungen auf einer recht theoretischen und allgemeinen Ebene stehen und haben dem Anspruch nach einem strategisch operierenden Verkauf als solchem wenig gebracht. Es fehlt einerseits an Anwendbarkeit, andererseits oft sogar an wirklicher Relevanz.

Auch wirkliche Neuerungen gab es nicht. Vielfach bräuchte es solche Neuerungen auch gar nicht, sondern vielmehr die konsequente Umsetzung längst bekannter Grundsätze, die konsequente Einführung und Adaption längst bekannter Tools und Systematiken der Ar-

B. Kaschek, *True Value Selling*, DOI 10.1007/978-3-658-03821-2_1,
© Springer Fachmedien Wiesbaden 2014

beit, wie zum Beispiel funktionierender Account-Planning-Systeme oder Verkaufsprozesse. Angesichts der in vielen Unternehmen zu wenig Optimismus Anlass gebenden Situation im Verkauf wird dann von den leitenden Managern gerne gesagt, Verkauf sei *doch vor allem von den Menschen abhängig, die man dafür zur Verfügung habe, und da komme man schnell an eine natürliche Grenze.*

Diese Haltung führt jedoch zu keinen guten Ergebnissen. Natürlich hängt der Verkaufserfolg von den Menschen ab, die diesen Erfolg bewerkstelligen sollen; sogar sehr. Aber in den meisten Unternehmen braucht es einfach noch mehr Klarheit darüber, wie denn erfolgreicher Verkauf überhaupt zu geschehen habe, bevor man alles – die Erfolge und die Misserfolge – vorschnell an den Menschen festmacht. Grob gesagt braucht es in viel ausgeprägterem Maße als vorhanden ein funktionierendes Verkaufsmanagement, funktionierende Systeme und Tools zur Marktanalyse, zur Markt- und Kundenbearbeitung, zum Monitoring und zur strategisch relevanten Auswertung der Ergebnisse.

In den wenigsten großen Unternehmen (ab ca. 1000 Mitarbeitern aufwärts bis zu Großkonzernen) existieren konsequent eingeführte und dann angewandte Prozesse im Verkauf (wie z. B. ein Sales-Prozess für das KAM oder auch Account-Pläne). Es mag erstaunen, aber es gibt oftmals auch keine wirklichen Strategien, manchmal nicht einmal sauber definierte Ziele; und es werden gerne auch „Strategie" und „Vision" miteinander verwechselt, oder auch „Ziele" und „Strategien", oder es werden Wunschlisten erstellt, die dann als „Strategie" bezeichnet werden.

Brauchbare Systematiken und Tools sind im Verkauf leider ganz spärlich gesät. Wenn etwas existiert, dann sind es meist – ich muss es leider sagen – unbrauchbare CRM-Systeme, die nichts mit einem strategisch relevanten Verkauf zu tun haben, sondern oftmals nur bessere Adressverwaltungen sind, die nichts zum Verkaufserfolg beitragen.

Auch die Aus- und Weiterbildung im Vertrieb ist meist schlecht, weil sie nicht auf den exakten Bedarf eines Unternehmens abgestellt ist, der nur aus der vorhandenen Strategie abgeleitet werden könnte, und weil sie zweitens nicht den Kriterien der Nachhaltigkeit (Dauerhaftigkeit) genügt. Die Entscheider lassen sich viel zu häufig falsch beraten – von externen Trainern und Beratern, aber auch von der eigenen HR, die diesen Zusammenhang zwischen Strategie und Trainingsbedarf oft nicht umfänglich genug versteht. Dies betrifft leider oft auch die pädagogischen Konzepte, die über den Erfolg eines Weiterbildungsprogrammes entscheiden. HR versteht zwar oft das pädagogische Konzept, eine einzelne Trainingsmethodik, kann aber den Zusammenhang mit dem Verkaufsgeschehen nicht herstellen und empfiehlt daher viel zu häufig wohlklingende, irgendwie gerade aktuelle Themen, die jedoch selten das bringen, was versprochen wird. Was bitte sollen Manager mit einem Thema wie *Emotional Leadership* für ihren Alltag anfangen können? Dort fehlt es doch häufig an ganz anderen, grundlegenden Dingen, die das Management und die kompetente Personalführung betreffen. Es spricht nichts dagegen, sich auch mit abgelegenen Themen zu befassen, aber sinnvollerweise doch erst dann, wenn die grundlegenden Dinge auch tief verstanden und nachhaltig umgesetzt, das heißt, in der Unternehmenskultur und im Management verankert sind und nachweislich zu Erfolgen führen.

Es braucht hier aus unserer Sicht eine Führung, der diese Themen und ihre Zusammenhänge einerseits klar sind und die andererseits den Verkauf auch wirklich führen will und kann. Und dann braucht es Instrumente, die tatsächlich etwas mit der Ergebnisverbesserung im Verkauf zu tun haben und die Verkäufer nicht stundenlang vor ihren PC zwingen, um unnütze Kundendaten in unnütze Systeme einzupflegen, die unnütz teuer waren. Das mag hart klingen, ist aber in den meisten Unternehmen leider der Fall und keine Polemik gegen Software-Produkte. Alles kann einen Sinn haben, aber man muss eben auch willens und in der Lage sein, diesen Sinn herzustellen.

Viele Studien zu Verkaufs- und Vertriebsthemen kommen aus dem akademischen Umfeld und zu wenige entstehen wirklich unter Beratung erfahrener Manager. Zwar befragt man in solchen Studien immer wieder Manager, aber möglicherweise werden aufgrund der mangelnden managerialen Erfahrung der Fragesteller schon die Fragen nicht richtig gestellt und möglicherweise auch falsche Schlussfolgerungen gezogen. Entsprechend sehen dann auch oft die abgeleiteten Ergebnisse, Modelle und Empfehlungen aus. Dies ist kein Plädoyer gegen „Theorie". Im Gegenteil, es braucht gute Theorien, denn sie ermöglichen die Erfassung einer oft sehr komplexen Wirklichkeit. Grundsätzlich sollte jedoch die Qualität einer Managementtheorie bzw. eines Modells nur daran gemessen werden, wie gut diese in der Lage sind, in einer komplexen Realität zu einem besseren Handeln zu führen, zu mehr Erfolg.

Vor allem, wenn es darum geht, Schlussfolgerungen für das Management der Vertriebs- und Verkaufsarbeit zu ziehen, bleibt es aber meist bei sehr allgemeinen und theoretischen Äußerungen, die alle irgendwie richtig und gleichzeitig auch irgendwie falsch sind, weil es an Möglichkeiten konkreter Anwendbarkeit und Übertragbarkeit fehlt. Ihr Aussagegehalt bleibt oft dürftig.

Kaum ein Thema ist im Umfeld des strategischen Vertriebs in den vergangen 20 Jahren so stark besprochen worden wie das des Nutzens (Value Selling, Consultative Selling, Benefit Creation, Partnering). Dabei werden oft die theoretischen Ansätze geschildert; es wird aber nur selten gesagt, **wie** dieser Nutzen hergestellt werden muss, damit die gewünschten Effekte (z. B. geringere Preissensibilität, das Verhandeln von für beide Seiten fairen Preisen, die Bildung von strategischen Partnerschaften etc.) auch wirklich eintreten.

Oder das Thema „Nutzen" wird lediglich als eine besondere Kommunikationsform betrachtet, bei der es dem Verkäufer gelingen soll, seinen Kunden von dem Wert einer Investition zu überzeugen. Welche Inhalte der Nutzenkommunikation aber zugrunde liegen sollen, darüber gibt es nur wenig bis gar kein Material. Oder es werden Modelle wie die des Partnering entwickelt, die zwar Strukturen der nützlichen Zusammenarbeit aufzeigen, aber oft genug keine Klarheit vermitteln, wie diese Nutzenstrukturen tatsächlich aufzubauen sind und auf welchen Grundlagen sie entstehen sollen.

TVS ist eine im Jahr 2002 von einer Beratergruppe der Thetis-Akademie entwickelte Methodik, die diesen Mangel behebt. Denn sie stellt auf nachvollziehbare, anwendbare Weise die Wechselbeziehung bestimmter Erfolgsfaktoren innerhalb der Kunden-/Lieferantenbeziehung und des gemeinsamen Wertschöpfungssystems her. Im Kern steht dabei die Frage, wie bestimmte Produkte/Produktbestandteile/Services des Lieferanten messbar zum wirtschaftlichen Erfolg des Kunden beitragen. Betrachtet werden bei **TVS** also diejenigen Erfolgsfaktoren, die sich auf direkte Weise als bilanzwirksam oder in der Gewinn- und Verlustrechnung beim Kunden auswirken. So geht es bei **TVS** also einerseits um alle Umsatz- und Rendite steigernden sowie Kosten senkenden, ganz konkret messbaren Elemente der Lieferantenleistung. Andererseits geht es bei **TVS** darum, wie ein Lieferantenunternehmen aus vertrieblicher Sicht seine Kunden bei der Erreichung dieser ökonomischen Ziele unterstützen kann. Und dies unter der Prämisse, dass diese Nutzen nicht durch das bodenlose Herunterhandeln der Preise erzielt werden, z. B. für Maschinen und Anlagen oder sonstige, essentielle Leistungsbestandteile. **TVS** ist eine Systematik, die auf den höchsten gegenseitigen ökonomischen Nutzender Handelspartner abhebt.

Dafür liefert **TVS** zwei wesentliche Werkzeuge, wenn es um einen wirksamen Verkauf bei Großkunden geht. Zum einen stellt es eine Analytik für einen auf konkretem Nutzen basierenden Verkauf dar, zum anderen zeigt es damit eine Vorgehensweise auf, wie bei einem bestimmten Projekt Nutzen in die Wertschöpfungssysteme eines Kunden hinein verkauft werden kann.

Die Ziele dieses Ansatzes haben zwei unterschiedliche zeitliche Reichweiten. Auf kurze Sicht kann auf diese Weise für den Lieferanten verhindert werden, dass ein Kunde seine ökonomischen Ziele dadurch zu realisieren versucht, dass er die geforderten, fair kalkulierten Preise immer weiter drückt und damit den Lieferanten in eine unwirtschaftliche Zone drängt. Der Käufer wiederum kann sofort erkennen, welcher Lieferant das wirtschaftlich und leistungsmäßig beste Angebot (auch im Sinne eines Total-Cost-of-Ownership-Ansatzes) liefert. Und auf lange Sicht gesehen bietet diese Vorgehensweise für Lieferant und Kunde die Möglichkeit zum Aufbau einer echten strategischen Partnerschaft, bei der im Idealfall Teile der Wertschöpfungsprozesse beider Unternehmen zu einer Wertschöpfungsarchitektur verbunden werden.

Hintergrundinformationen
TVS liefert – in Analogie zum TCO-Ansatz – die Möglichkeit, den „Total Benefit of Ownership" zu sehen. Daher führen wir diesen Begriff und seine Abkürzung „TBO" hier ein.

2 Wertschöpfung – Das unbekannte Wesen

Erste Ansatzpunkte für einen wertschöpfungsorientierten Vertrieb Kundenbeziehungen, die allen Beteiligten einen anhaltenden Gewinn bringen und deshalb von allen geschätzt und gegen Wettbewerber geschützt werden, entstehen dadurch, dass für alle die richtigen Werte zur richtigen Zeit und mit dem höchsten Nutzen in strategisch relevanten Bereichen geschaffen werden.

Diese Nutzen müssen

a) **bedeutend**
b) **unverwechselbar**
c) **möglichst dauerhaft** und
d) **nachprüfbar**

sein.

Die entscheidende Frage dabei ist nicht die allgemeingültige und leicht akzeptable Formulierung dieses Anspruches, sondern: Wie kann dies in der Praxis überhaupt geleistet werden? Solch ein Nutzen entsteht doch erst wirklich dann und wird nachvollziehbar, wenn es einem Lieferanten gelingt, seine Kunden dabei zu unterstützen, z. B. deren Gesamtkosten zu senken oder ihren Umsatz zu verbessern. Oder wenn er zeigen kann, wie seine Produkte und Services z. B. den ROI, EVA oder EBIT seines Kunden dauerhaft verbessern helfen.

Ein strategisch ausgerichteter Verkauf ist per definitionem permanent darauf angelegt, den höchsten Nutzen für die angesprochenen Kundensegmente und Kunden zu schaffen. Und dies geschieht sinnvollerweise dann am besten, wenn die eigenen Produkte und Dienstleistungen so tief und breit wie möglich – und dem Bedarf des Kunden gemäß – in der Wertschöpfungskette dieses Unternehmens platziert werden.

Derjenige Lieferant, der heute eine klare Antwort darauf geben kann, wie die Verankerung in den Wertschöpfungsprozessen von bestehenden oder potenziellen Top-Kunden im Markt gelingt, erarbeitet sich eine einzigartige Position und ein äußerst wirksames Differenzierungsmerkmal; er macht sich schwer austauschbar und sichert dauerhaft seine Stellung. Er wird für seinen Beitrag geschätzt – und nicht für seine Preise gescholten. Die Preise selbst verlieren bei einer solchen Art des Verkaufs und der Zusammenarbeit an Bedeutung. Das Verhandlungsgeschehen wird in solchen Fällen dann vielmehr davon geprägt, wie der gegenseitige Nutzen noch erhöht werden kann, als davon, wo der Lieferant noch einen Zehntelpunkt am Preis nachlassen könnte. Beide Verhandlungspartner verstehen, dass es um viel mehr geht als um letztlich völlig unbedeutende Preisnachlässe. Bei manchen Amortisierungszeiten im Maschinenbau von 8 bis 16 Monaten spielen diese Beträge für den Kunden ohnehin keine große Rolle. Für den Lieferanten entscheiden sie oft darüber, ob er ein schwarzes oder rotes Ergebnis bei einem bestimmten Projekt einfährt. Dies gilt auch für andere Branchen.

Eine solche Verbindung zwischen Lieferant und Kunde, die am gegenseitigen Nutzen orientiert ist, führt schließlich zu einer sog. „strategischen Partnerschaft". **TVS** ist ein entscheidender Schritt dorthin.

3   Über dieses Buch und wie Sie damit arbeiten können

Wie Sie bereits gesehen haben, befasst sich dieses Buch mit der Vorstellung einer absolut neuartigen Methode zur Akquisition bzw. Bestandskundenaufwertung im Top-Kundensegment.

Natürlich werden Sie Elemente daraus kennen und bestimmte Begriffe sind Ihnen selbstverständlich vertraut. Das Neuartige ist, dass hier zum ersten Mal ein in sich geschlossener Ansatz zum wertschöpfenden Verkauf vorliegt, dem es gelingt, die individuellen Wertschöpfungsprozesse eines Kundenunternehmens verkaufsgerecht zu analysieren und in einem bestimmten Beschaffungsprojekt so zu durchdringen, dass daraus für den Lieferanten wertvolle Erkenntnisse für seine erfolgreiche Positionierung gewonnen werden, darüber, welchen Wertschöpfungsbeitrag er leistet und wie er diesen Wertschöpfungsbeitrag kommunizieren muss, damit dieser als nützliche Differenzierung vom Kunden wahrgenommen wird.

TVS zeigt auf verständliche Weise, wie es jedem Unternehmen gelingen kann, in einer immer schwieriger werdenden konkurrenziellen Marktsituation wirksame und erfolgreiche Wege der Neuakquisition und Geschäftsausweitung in den lebenswichtigen A-, Key-Account- und Global Account-Kundensegmenten zu gehen. **TVS** lässt sich in allen Branchen, in denen B2B-Vertrieb stattfindet, umsetzen.

Dazu liefert dieses Buch die komplette Methodenbeschreibung und versteht sich somit als Lehrbuch. Es versteht sich auch als Arbeitsmanual und ist so konzipiert, dass Sie – gewissermaßen im Selbststudium – alle notwendigen Bestandteile des **TVS**-Ansatzes kennenlernen und in gewissem Umfang anwenden können.

Die folgenden Elemente zeichnen die hier vorgestellte, innovative Methode des **TVS** aus. Es handelt sich um eine hochgradig individualisierte vertriebliche Arbeitstechnik, basierend auf einer Unternehmensphilosophie, die die Werteschaffung zwischen den Geschäftspartnern als hochrangiges strategisches Ziel im Vertrieb begreift.

- Diese Methodik muss, damit sie ihre Wirksamkeit entfalten kann, von echten Vertriebsprofis ausgeführt werden.
- Sie ist darauf angelegt, im Top-Kunden-Segment hochprofitables Geschäft zu akquirieren bzw. aus dem Bestandskundensegment zu generieren.
- Sie liefert weit überdurchschnittliche Abschlusserfolge im Top-Kundenbereich.

Wenn Sie dieses Buch gelesen und beschlossen haben, **TVS** anzuwenden, dann halten Sie ein wichtiges und bewährtes Instrument für Ihren persönlichen Erfolg, beim Management Ihres Unternehmens und vor allem für Ihren Vertrieb in der Hand:

- Dieses Praxishandbuch bietet Ihnen eine mittlerweile von vielen, weit überdurchschnittlich erfolgreichen Unternehmen erprobte und für Ihr Unternehmen wiederholbare Methode an, mit der Sie einen qualitativ besonders hochwertigen Zugang zu wichtigen Marktpotenzialen erhalten.
- Es hilft Ihnen, sich im Verkaufsprozess früher, häufiger und auf positive Weise von Ihren Wettbewerbern abzusetzen.
- Sie werden dadurch als schöne Nebeneffekte Ihre Hitrate erheblich erhöhen und die Sales-Cycle-Zeiten deutlich verkürzen können.
- Ihre Sales-Projekte werden nicht länger unbezahlte Beratungsprojekte für Ihre Kunden sein.
- Es wird Ihnen gelingen, bislang unberührte Quellen für Ihren Verkaufserfolg anzusteuern, anstatt mit Ihren Wettbewerbern auf dieselbe Art denselben Kunden hinterher zu jagen.
- Sie erhalten mit der **TVS**-Methode einen gemeinsamen Prozess und eine gemeinsame Sprache für das Sales Frontend. Sie steigern durch die Effizienz Ihrer **TVS**-Diagnose die Qualität der von Ihnen angebotenen Kundenlösungen.

Hintergrundinformationen
Hitrate = hier: Abschlussquote
Sales-Cycle = Verkaufsprozess

Um die Methodik des **TVS** darstellen zu können, ist es erforderlich, einige andere Themen aus dem Umfeld eines wertstiftenden und in sich hochwertigen Verkaufs kurz zu beschreiben. Diese können hier kaum ausführlich und in der Tiefe behandelt werden. Das ist hier aber auch nicht die Absicht. Die Beschreibung bestimmter Themen soll vielmehr dazu dienen, den Kontext, in dem sich **TVS** bewegt, zu beleuchten, sodass für Sie eine genaue Verortung des Kernthemas dieses Buches gelingt. Außerdem sollen Ähnlichkeiten und Unterschiede zu anderen Verkaufsansätzen herausgearbeitet werden.

Noch etwas für Verkäufer und leitende Manager im Vertrieb: In Deutschland liegt die Ausbildung zum Sales Manager in allen Branchen im Argen. Genauso wie man nirgendwo wirklich eine umfassende Ausbildung zum Manager absolvieren kann (obwohl das sich wünschenswert wäre), kann man auch kaum irgendwo zum Sales Manager ausgebildet werden. In der betrieblichen Praxis findet oft ein für alle Beteiligten mühsames „Learning by doing" gepaart mit Weiterbildungsmaßnahmen statt. Der Sales-Manager-Beruf überhaupt genießt keine gute Reputation, was schade ist. Immer noch wird der Sales Manager als jemand betrachtet, der andere quasi manipuliert, etwas zu tun, was sie eigentlich nicht beabsichtigen. Hier wird eine gewisse Absurdität deutlich: Einerseits existiert kaum eine fundierte Ausbildungsmöglichkeit für Sales Manager, auf der anderen Seite misst man ihnen Fähigkeiten bei und mutet ihnen Aufgaben zu, die schon ins Magische gehen.

Verkaufen aber ist einer der herausforderndsten, schönsten Berufe, die es gibt. Er verlangt von einem professionellen Sales Manager großes verkaufstechnisches Know-how, sehr gute Sachkenntnisse hinsichtlich seiner Produkte, ein besonderes Potenzial an Kreativität für besondere Lösungen, viel Lernbereitschaft und eine ausgeprägte soziale Persönlichkeit.

TVS möchte Ihnen vor allem im Bereich des „verkaufstechnischen Know-hows" eine Hilfe sein.

Ich wünsche allen Lesern dieses Buches eine interessante, nützliche und für jeden leicht umzusetzende Lektüre!

Grundlagen und Besonderheiten des erfolgreichen Verkaufs im Geschäftskundenbereich (B2B) bei Großkunden, Key Accounts und Global Accounts

Inhaltsverzeichnis

1 Das Umfeld: Anforderungen an eine zeitgemäße Verkaufsorganisation, ihr Management und ihre Mitarbeiter

TVS ist eine Analyse- und Verkaufsmethodik, die sich für Großkunden, Key- und Global-Accounts im B2B-Bereich am besten eignet. Daher soll im Folgenden vor allem auf diesen Kundentypus geschaut werden.

In vielen Unternehmen wird ein wichtiger Teil der Umsätze und Deckungsbeiträge mit diesen Großkunden erwirtschaftet. Meist sind dies ein paar wenige Kunden, kaum mehr als 5–20 % des Kundenstammes. Vielen ist sicher die Kunden-/Umsatzregel bekannt, wonach mit diesen 5–20 % der Kunden rund 80–90 % des Umsatzes resp. der Deckungsbeiträge erzielt werden (Pareto-Prinzip). Durch die Konzentrationsbewegungen im Markt hat sich diese Regel, die klassischerweise immer vom Verhältnis 80:20 ausging, in dem oben beschriebenen Sinne verändert. Oft ist dabei den Unternehmen zu wenig bewusst, dass 5 bis 20 ihrer Kunden für rund 50 bis 60 % ihres Umsatzes verantwortlich sind, bzw. welche Konsequenzen dies für sie hat und wie sie dafür sorgen können, dass daraus sinnvolle, dauerhafte Beziehungen werden und die Abhängigkeitsrisiken minimiert werden.

B. Kaschek, *True Value Selling*, DOI 10.1007/978-3-658-03821-2_2,
© Springer Fachmedien Wiesbaden 2014

Diese „Größtkunden" eines Unternehmens werden als „Schlüsselkunden" oder als „Key Accounts" bezeichnet, da ihre Auftragsvolumina von zentraler Bedeutung für das Unternehmen sind und der Verlust eines solchen Kunden ein tiefes Loch in die finanziellen Ergebnisse reißen würde. Diese Kunden bedürfen logischerweise einer besonderen Akquisition und Pflege. Für beide Situationen ist **TVS** hervorragend geeignet.

1.1   Die wirklichen Erfolgstreiber für Unternehmen und Vertrieb

1.1.1   Die Erfolgstreiber für Unternehmen

Diese Faktoren machen Unternehmen bzw. Geschäftseinheiten tatsächlich erfolgreich. Die Unternehmenswelt hat sich – wie alle anderen Teilwelten auf dem Globus auch – in den letzten beiden Jahrzehnten stark verändert; das zunehmende Tempo und die zunehmende Komplexität sind dabei sicherlich die herausragenden Phänomene. Hinzu kommen so wichtige Aufgaben für die Gesellschaft und ihre Akteure (wie z. B. Unternehmen) wie die zunehmende Ressourcenknappheit bei bestimmten Rohstoffen, die Standortfrage, die Energieversorgung und die zunehmende Verknappung gut ausgebildeter Fachkräfte. Diese Themen bestimmen nicht nur das Wirtschaften als solches, sondern auch die Politik und damit das Leben jedes einzelnen. Wir wollen uns hier auf die wirtschaftlichen Implikationen und speziell auf die Auswirkungen auf die wirtschaftlichen Transaktionsbeziehungen zwischen Unternehmen, also zwischen Lieferanten und deren Kunden, beschränken, den Blick aufs große Ganze jedoch offen halten.

1.1.1.1   Erfolgsrezepte und Methoden
Aufgrund der o. g. Phänomene steht das Management nahezu aller Unternehmen und vieler anderer, auch staatlicher Organisationen, vor großen Herausforderungen. Die Frage ist, mit welchen Strategien diesen Herausforderungen begegnet werden kann, sodass der Bestand der Organisationen gesichert ist, dass Ziele erreicht werden können etc. Außerdem kommt dann die Frage in den Blick, mit welchen Methodiken diese Strategien entwickelt bzw. umgesetzt werden sollen. Nun, Managementmethodiken gibt es wie Sand am Meer und noch viel mehr Tools. Alles notwendige Wissen ist bekannt und jedem zugänglich, die Bibliotheken sind voll davon. Dennoch gibt es immer wieder Unternehmen, die scheitern. Und es gibt viel mehr, die scheitern, als solche, die herausragende Ergebnisse erzielen. Im Jahr 2012 wurden bspw. 28.297 Unternehmensinsolvenzen gemeldet. Wie viele exzellente Unternehmen kennen Sie, die ihre Ziele seit vielen Jahren immer wieder erreichen oder sogar übertreffen? Die Gründe dafür sind natürlich vielgestaltig.

Trotz aller vorhandener Methodiken und ganzer Managementmethodensysteme gibt es also Unterschiede beim Unternehmenserfolg und man kann kaum sagen, dass die Anwendung einer bestimmten Methodik unweigerlich zum Erfolg führte; man kann bei den Managementmethodiken eigentlich nur sagen, dass die einen beliebter sind als andere. Offenbar gibt es also noch andere Faktoren, die zum Erfolg beitragen, als nur die (vielleicht sogar halbherzige) Anwendung einer bestimmten Vorgehensweise.

Hintergrundinformationen

Stellvertretend für die Vielzahl ganzer Systematiken seien hier nur als Beispiele „Learning Organizations", „Matrix-Management", „Management by Objectives", „Peak Performance", „Teambased Management" und „Total Quality Management" genannt. Die interessante Nachricht lautet: Keines dieser oder anderer Systeme hat je ein Unternehmen nachweislich zu mehr Erfolg geführt.

Hintergrundinformationen

Sehr schön wurde dies in dem äußerst lesenswerten Buch von Joyce und Nohria 2003 in der sog. „Evergreen-Studie" belegt. „... wollen wir einige der 200 Managementmethoden betrachten, die bei der Untersuchung durchgefallen sind – durchaus hochgelobte Methoden, die allerdings, wie sich herausstellte, in keinem ursächlichen Zusammenhang mit nachhaltigen, überdurchschnittlichen Erfolgen standen.

Überlegene Informationstechnik zum Beispiel gilt allgemein als unabdingbare Voraussetzung für den unternehmerischen Erfolg. Trotzdem konnten wir in der zehnjährigen Laufzeit unserer Studie keinen Zusammenhang zwischen den Investitionen eines Unternehmens in diese Technologie und der Gesamtrendite seiner Aktionäre feststellen.

Auch beim Corporate Change Management bestand dieser Zusammenhang nicht. Trotz ihrer Beliebtheit war diese Managementmethode kein entscheidender Faktor für das Erreichen eines überdurchschnittlichen TRS (= Total Return to Shareholders bzw. Kurs- und Dividendenrendite der Aktionäre). Dasselbe galt auch für Systeme zur Steuerung der Lieferkette. Diese können vielleicht kurzfristig die Umsatzrendite und die Kundenreaktionen verbessern, stehen jedoch langfristig in keinem ursächlichen Zusammenhang mit dem TRS.

Ein weiterer verblüffender Befund hatte mit der Unternehmensleitung zu tun. Es wird allgemein für richtig gehalten, dass Unternehmen hochqualifiziertes Führungspersonal von außerhalb engagieren. Tatsächlich wurde diese Bedingung in unserer Untersuchung von erfolgreichen Unternehmen eher erfüllt als von erfolglosen.

Aber wir fanden keinen Beweis, dass sich gerade das Engagement betriebsfremder Topmanager positiv auf den TRS oder die langfristige Leistung eines Unternehmens ausgewirkt hätte. Vielleicht verhält es sich sogar umgekehrt, und erfolgreiche Unternehmen können eher hochqualifiziertes Führungspersonal gewinnen.

Aber Vorsicht: Das Fehlen eines signifikanten Bezugs zwischen einem bestimmten Verhalten und überdurchschnittlichen Gewinnen bedeutet nicht, dass dieses Verhalten irrelevant wäre. Es bedeutet lediglich, dass das Verhalten wahrscheinlich nicht zu nachhaltig überdurchschnittlichen Gewinnen führt und dass es weniger Aufmerksamkeit verdient als die in unserer Studie als zentral erkannten Methoden."

Dies soll natürlich kein Abgesang auf methodisches Vorgehen sein; ganz im Gegenteil. Strukturiertheit und Fokussierung gehören nachgerade zu einem herausragend erfolgreichen Management und dieses kommt gar nicht ohne methodische Vorgehensweise und methodische Disziplin aus. Methodik und Beharrlichkeit braucht es vor allem dann bei der Umsetzung und Erfolgskontrolle. Ein Manager muss mit Fokussierung, Strukturiertheit und Klarheit dafür sorgen, dass er das Richtige tut, und dazu gehört neben der Auswahl der geeigneten Methodiken, die er im Unternehmen oder einzelnen Funktionsbereichen anwendet, um seine Ziele entsprechend zu erreichen, auch deren konsequente Anwendung.

Dies gilt für alle Unternehmensfunktionen. Das Marketing bspw. versteht sich als eine marktorientierte Denk- und Handlungsweise, bei der Zukunftsentwicklungen frühzeitig erkannt und durch ein aktives Verhalten Chancen realisiert und Risiken für das Unternehmen vermieden werden sollen. Der Verkauf wiederum operationalisiert dies durch geschickte Verhaltensweisen, die sich auf Systeme, Tools, Haltungen, Strategien und kommunikative Aspekte stützen. Es kommt immer auf den Einsatz geeigneter Mittel an, um erfolgreich zu sein, wenngleich Tools als solche nur einen bestimmten Teil dieser Mittel darstellen.

Tools und Methodiken haben in den meisten Unternehmen mittlerweile einen äußerst ambivalenten Status erlangt. So herrscht oft gleichzeitig eine Tool-Phobie und eine Tool-Besessenheit vor, eine maßlose Unterschätzung einerseits und eine ebenso maßlose Überschätzung von Tools bzw. Systematiken andererseits. Manche Manager reagieren allergisch auf die Ankündigung eines neuen Tools, andere wiederum sind echte „Tooligans" und sammeln Tools geradezu – meist jedoch, ohne ihre Anwendung in einem realen Kontext zu erproben und sie dann, bei positiven Ergebnissen, zu übernehmen.

Hintergrundinformationen
Unter „Tool" ist hier so etwas wie z. B. eine einfache Kundennutzenanalyse zu verstehen, unter „Systematiken" so etwas wie Balanced Scorecard.

Vielleicht fehlt es ein wenig an Ausgewogenheit. Das Management, das heute unter vielen besonderen Zwängen steht, von denen nicht alle hausgemacht sind, müsste sich eigentlich eher mehr für geeignete, also strategisch bedeutsame Tools und Systematiken interessieren, scheint vielfach aber überfordert damit und mag bzw. kann keine Zeit in so etwas investieren, *wo doch das Tagesgeschäft so drückt*. Dies ist das eine. Gleichzeitig werden Tools und Systeme nur in den seltensten Fällen wirklich konsequent erlernt, sodass sie auf hohem Niveau anwendbar wären, geschweige denn dass sie permanent in die Prozesse integriert würden, was bei herausragenden Unternehmen jedoch immer der Fall und ein entscheidender Faktor ihres Erfolges ist.

Hintergrundinformationen
An manchen Stellen kommt der Text nicht ohne Verallgemeinerungen aus. Dem Autor ist durchaus bewusst, dass die Situation sehr differenziert zu betrachten ist und letztlich immer der Einzelfall zu bewerten ist. Dennoch gibt es Tendenzen und Trends, die sich vielfach wie beschrieben zeigen.

Das klingt vielleicht erstaunlich, ist aber leider die Realität, die oft entweder unter dem Deckmantel eines Management-by-Hauruck-Habitus kaschiert wird oder mit dem Hinweis darauf, dass man für *so etwas einfach keine Zeit habe, oder dass man das auch schon mal, leider erfolglos, probiert habe, oder dass das wegen der ganz besonderen Unternehmensbedingungen hier gar nicht anwendbar wäre, leider …* Selbst so ein gängiges Tool wie die SWOT-Analyse wird vielfach nicht zur Entscheidungsfindung angewendet oder seine Möglichkeiten werden nicht wirklich ausgeschöpft.

1.1.1.2 Erfolgreiches Management braucht nur Weniges, aber das Richtige

Doch zurück zu dem, was wirklich den Erfolg herausragend agierender Unternehmen ausmacht. Tools und Methodiken stellen, wie gesagt, nur einen Teil der geschickten und erfolgsrelevanten Mittel eines Unternehmens oder einer Organisation dar. Ihre richtige Auswahl betrifft alle im Folgenden genannten großen gestalterischen Bereiche. Diese stellen sozusagen die „Garküche" des erfolgreichen Managements dar. Diese bedeutsamen Faktoren sind im Einzelnen:

1. eine klare strategische Ausrichtung, die das Tagesgeschäft durchzieht (und nicht umgekehrt!),
2. eine konsequente und stetige Umsetzung der Strategie (auch, wenn es einmal schwierig wird!),
3. eine Führung, die es allen leicht macht, sich hochgradig zu engagieren und zu identifizieren, die Respekt genießt und Respekt vermittelt,
4. die Entwicklung einer echten Leistungskultur auf allen Ebenen (die die sozialen und menschlichen Aspekte der Arbeit sieht und ein integratives Verständnis davon hat),
5. die Gestaltung und Optimierung von Prozessen und Anpassung der Strukturen (im Sinne der Strategie und angestrebten Ziele),
6. eine systematische, handlungs- und aufgabenorientierte Qualifizierung der Führungskräfte in einem kontinuierlichen Prozess,
7. das Übertragen von Verantwortung an die Basis und damit verbunden eine praxisorientierte Qualifizierung aller Mitarbeiter,
8. ein auf die Ziele hin strukturierter, kontinuierlicher Prozess der Weiterentwicklung, der sowohl individuelle als auch kollektive Elemente in sich trägt und als von innen genährte Entwicklung des Unternehmens verstanden werden sollte.

Hintergrundinformationen
Die genannten Faktoren sind angelehnt an die Evergreen-Studie und erweitert. Sie stellen damit also keine theoretische Wunschliste dar, sondern haben sich über die Laufzeit der Studie von zweimal 5 Jahren, als Kernfaktoren überdurchschnittlich erfolgreicher Unternehmen erwiesen. Sie können auch aus eigener Erfahrung als Orientierung für jedes Unternehmen und jede Geschäftseinheit dienen.

Während die Märkte in der Vergangenheit jedoch relativ stabile Bedingungen aufwiesen, sind sie heute oft durch Hyperkomplexität, durch abrupte und auch rapide Veränderungen gekennzeichnet.

Hintergrundinformationen
„Hyperkomplexität" heißt hier, dass die Vielzahl der Elemente und Wirkkräfte, die ein System bilden, wie zum Beispiel die globalen Beschaffungs-, Produktions- und Absatzmärkte eines Unternehmens, äußerst komplex sind und in allen Teilen und systemischen Wirkzusammenhängen gar nicht mehr von einem Einzelnen zu verstehen sind. Wenn dies aber so ist, wie müssen sich dann die Anforderungen an das Management verändern?

Daher gehört es für besonders erfolgreiche Unternehmen zum managerialen Tagesgeschäft, kontinuierlich den richtigen Weg herauszufinden, um mit diesen Umfeldbedingungen so umzugehen, dass sie davon profitieren oder wenigstens unbeschadet bleiben. Drei weitere Fähigkeiten gehören also dazu:

9. das Bemühen um ein klares, systemisches Verständnis bezüglich des Zusammenwirkens aller am Unternehmenszweck irgendwie beteiligter Kräfte, Organe, Strukturen, Spieler etc.,
10. Methoden und Systeme, die die Hyperkomplexität des Geschehens auf rationale Weise vereinfachen und managebar(er) machen,
11. Methoden und Systeme, die die Hyperdynamik des Geschehens mit ins Kalkül nehmen und genügend flexibel sind, dass sie diese aufnehmen können, ohne selbst zerstört zu werden, und diese Dynamik ebenfalls managebar(er) machen.

1.1.1.3 Herausforderungen für das Management

Die Herausforderungen, vor denen Unternehmen heute stehen und auf die erstklassige Organisationen in der oben beschriebenen Weise reagieren, lassen sich folgendermaßen charakterisieren:

1.1.1.3.1 Konkurrenz um attraktive Marktanteile

Viele Unternehmen, jedenfalls Großunternehmen, haben es heute in einer vorläufigen Endphase der Globalisierung mit stagnierenden Märkten zu tun. Die Marktanteile, die gewonnen oder verloren werden, bewegen sich häufig nur durch Umverteilungsprozesse eines in sich relativ klar umrissenen Marktvolumens. Dies führt meist zu einem Verdrängungswettbewerb zwischen den Anbietern, bei dem dann auch Konzentrationskräfte wirken, die zu einer Reduzierung von Anbietern führen. Alleinstellungsmerkmale und Konkurrenzvorteile gehen oft wegen der schnellen Reaktionszeit der Wettbewerber verloren. Dies gilt sowohl für die technischen als auch für Marketingaspekte eines Angebotes. Und in diesem Kampf um Marktanteile kommt es immer auch zu Situationen, die für Dritte attraktiv erscheinen, sodass dann neue Anbieter ebenfalls in den Markt drängen, vielleicht zu Beginn nur Nischen besetzen, dann ihr Angebot aber tendenziell immer mehr ausdehnen.

Viele Unternehmen des deutschen Maschinenbaus erleben dies gerade z. B. mit Anbietern aus China. In wenigen Jahren wird sich der Weltmarkt dadurch komplett verändert haben.

1.1.1.3.2 Vielfältigen Kostendruck managen

Innerhalb stark umkämpfter Märkte, die in sich kein wirkliches Ausdehnungspotenzial mehr besitzen, also stagnieren, besteht immer auch ein hoher Preisdruck, der seinerseits einen immer stärkeren Kostendruck in den Unternehmen erzeugt.

Eine weitere Kraft, die auf die Kosten wirken soll, ist die Ausrichtung vieler Unternehmen auf den Shareholder Value. Es soll ein möglichst hoher Free Cashflow bzw. EVA als

Maßstab für den zukünftigen Unternehmenswert erzielt werden. Preisdruck und der Druck aus dem Shareholder-Ansatz verursachen einen zunehmenden Kostendruck. Hinzu kommen natürlich weitere „Druckbewegungen", die zum Beispiel aufgrund der sich immer mehr verteuernden Rohstoffen und Energiekosten entstehen.

1.1.1.3.3 Vorsprung schaffen
Gerade technische Innovationen verbreiten sich heute schneller, sind leichter zugänglich und werden von der Konkurrenz schneller nachgeahmt. Dadurch ergeben sich auch Zwänge und Herausforderungen bei Marketing und Vertrieb, diese Innovationen und technischen Höherqualifizierungen auch adäquat am Markt zu kommunizieren.

1.1.1.3.4 Time-to-Market
In vielen Branchen nimmt seit Jahren die Länge der Produkt- und Marktlebenszyklen stark ab (s. Automobilindustrie), gleichzeitig nehmen der Forschungs- und Entwicklungsaufwand sowie die damit verbundenen Risiken zu. Was, wenn eine bestimmte Entwicklung zum Flopp wird? In vielen Unternehmen ist es so, dass man sich Flops schlicht nicht leisten kann; dadurch entsteht ein hoher interner Druck.

1.1.1.3.5 Globalität meistern
Die Globalisierung bzw. Internationalisierung der Märkte seit den 90er Jahren führte zu stärkeren Positionen internationaler Wettbewerber auf bislang nationalen Märkten. Nicht alle dieser Positionierungsversuche waren auch erfolgreich, vor allem zu Beginn, aber sie haben zeitweise dafür gesorgt, dass Marktirritationen entstanden, die oft in Preiskämpfen kulminierten und für alle Schaden anrichteten.

China bspw. ist mittlerweile ein sehr ernst zu nehmendes Land für Spitzentechnologie geworden, und seit einigen Jahren ist es nicht mehr zutreffend zu meinen, dort fände nur billige Lohnfertigung statt. Diese Rolle wollte China niemals spielen und das tut es auch nicht.

Der Konzentrationsprozess durch Mergers and Acquisitions nahm konstant zu und führt nach wie vor zu einer Polarisierung der Betriebs- bzw. Unternehmensgrößen. Mittlere Unternehmen kommen immer mehr unter Druck und müssen über entsprechende Strategien einen Ausweg suchen.

1.1.1.3.6 Entscheidungsprozesse verstehen
Insbesondere im Business-to-Business-Bereich entscheiden nicht mehr Einzelpersonen; stattdessen gibt es mehrere Mitwirkende an einer Kaufentscheidung. Die bessere Transparenz und der Kostendruck veranlassen die Kunden, immer „härter" einzukaufen. Dass Entscheidungsprozesse transparent sind, ist sicherlich ein hoher Gewinn für alle. Dass Einkaufsorganisationen allerdings unter einem oft ungerechtfertigt hohen Druck stehen, um ihre Resultate zu erzielen, führt vielfach zu Verzerrungen der Kauf-Verkauf-Interaktionen, die dann zu typischen Lose-lose-Situationen führen.

Hintergrundinformationen

Immer wieder auch zum eigenen Schaden und dem Schaden langjähriger Lieferanten. So ist mir ein Fall bekannt, in dem ein Konsortium von Herstellern, das sich eines gemeinsamen Logistikdienstleisters für die Distribution seiner Waren bediente, diesen so lange bei den Preisen drückte, bis er schließlich Konkurs anmelden musste. Daraufhin hat dasselbe Konsortium dann eine teure Rettungsaktion unternehmen müssen, um a) lieferfähig zu bleiben und b) diesen Logistikdienstleister wieder in den Markt zu bringen. Ein besonders eklatantes Beispiel zwar, aber es zeigt eine gewisse Tendenz, die in vielen Märkten vorhanden ist. In zeitgemäßen Kunden-/Lieferantenbeziehungen muss es vielmehr darum gehen, wie der größte **gemeinsame** Nutzen hergestellt werden kann, und dies sowohl aus privatwirtschaftlichen wie aus volkswirtschaftlichen Gründen.

Diese Megatrends, die heute in vielen Studien und Analysen mit ihren einzelnen ökonomischen, aber auch ökologischen, sozialen und kulturellen Aspekten betrachtet werden, sowie die eigenen Beobachtungen vieler Manager weisen darauf hin, dass vor uns eine sehr viel unberechenbarere und dynamischere Zukunft liegt, als wir dies je zuvor erlebt haben. Die zu bewältigenden Aufgaben werden unter den gegebenen Umständen wesentlich umfangreicher und komplexer; der Faktor „Ungewissheit" nimmt zu. Dadurch werden sich auch zunehmend die Aufgaben im Management verschieben. Die Verantwortlichen müssen dafür sorgen, dass sie von den schnellen Veränderungen nicht überrannt werden. Sie müssen mehr dafür tun, um Entwicklungen rechtzeitig zu erkennen, evtl. drohenden Gefahren zu begegnen und um Chancen, die in den Veränderungen liegen, nutzen zu können.

Das erstarrte Festhalten an alten Lösungen und Ideen wird der Misserfolg von morgen sein. Und es wird keine Rolle spielen, ob dieses Festhalten aus schlichter Unkenntnis oder einem falsch verstandenen Konservatismus stammt; Scheitern ist Scheitern. Dieses Festhalten bezieht sich nicht nur auf bestimmte Werte und Haltung, es bezieht sich auch auf Methoden. Und je intensiver versucht wird, an den bestehenden Vorgehensweisen zur Problembewältigung festzuhalten, desto weniger Kraft und Einsicht stehen zur Verfügung, das Neue zu wagen.

Was hat dies nun mit TVS zu tun? Ist TVS nicht einfach eine Methode, um bessere Sales-Ergebnisse zu erzielen, für alle Transaktionspartner? Natürlich kann man diese Methodik so betrachten. Und gleichzeitig ist es eine Methodik, die strategische Partnerschaften greifbar machen kann, wo Kosten und Leistungssynergien über große Teile gemeinsamer Wertschöpfungsarchitekturen geschaffen werden können.

TVS bietet sich an für Großkunden und diejenigen Verkaufsfunktionen, die mit ihnen zu tun haben, wie z. B. Key Account-Manager. Ein Key-Account-Manager ist qua definitionem ein Verkaufsmanager, der die Themen seiner Kunden so genau kennt, dass er in den Bereichen, für die er zuständig ist, hervorragende Lösungen aus dem Angebot seines Unternehmens (aber nicht nur) und dem Bedarf seines Kunden für diesen schaffen kann. Man kann sogar sagen, dass ein ganz entscheidender Ansatzpunkt zur aktiven Bewältigung aller ökonomischen Herausforderungen, vor denen sein Kunde stehen kann, wenn es um Beschaffungsentscheidungen von Produkten und Services, sowie um Prozesse geht, das Schlüsselkunden- bzw. Key-Account-Management seines Lieferanten ist. Wenn dies auf professionelle Weise erfolgt, wenn es strategisch und operativ nach den Regeln der Kunst eingebunden wird und agieren kann, dann ist ein hohes Maß an Zukunftssicherung für Kunde und Lieferant sichergestellt.

Um ein hohes Maß an Effizienz und Wirksamkeit herzustellen, ist die Einhaltung wichtiger managerialer Grundsätze von Bedeutung. Die meisten davon können als allgemein gültig bezeichnet werden; daher spielen sie auch für das Key-Account-Management und was dort getan wird, wie z. B. die Arbeitsweise nach TVS, eine wichtige Rolle.

Die Beachtung der allgemeinen Grundregeln ist sogar eine wichtige Voraussetzung für die Sicherung des langfristigen Unternehmenserfolges. Die Grundsätze, die für Unternehmen aller Branchen und Größen relevant sind, helfen dem Manager dabei, strategische und operative Entscheidungen richtig zu treffen. Sie mögen manchem auf den ersten Blick trivial erscheinen, doch findet man in der Praxis leider viele Beispiele für ihre Nichtbeachtung, sei es aus Unwissenheit, falscher Einschätzung der eigenen Fähigkeiten, ungenügender Information oder aus anderen Gründen. Und man sieht die Konsequenzen der Nichtbeachtung in den vielen Misserfolgsgeschichten, die oftmals nicht nur die direkt Verantwortlichen treffen, sondern leider auch viele andere. Daher seien diese managerialen Grundregeln hier genannt. Eine gekonnte Durchführung und Etablierung von **TVS** im KAM oder GAM eines Unternehmens verlangt auch eine klare und konstante Beachtung dieser Regeln.

1.1.1.4 Kleiner Exkurs über manageriale Grundregeln

Zum Management eines Unternehmens oder z. B. einer Vertriebsorganisation kann man vieles über Steuerungssysteme, Tools und Methoden bei der Steuerung von Mitarbeitern und Prozessen sagen. Aber alles fängt im Grunde genommen damit an, dass es um Menschen geht, die bestimmte Aufgaben haben. Damit die managerialen Aufgaben gut gelingen, braucht es Klarheit über die Fundamente dieses Managements.

Im Folgenden sind diese kurz beschrieben und es wird der Zusammenhang zum Key-Account-Management bzw. jeweils einem zentralen Aspekt dort benannt.

1.1.1.4.1 Verantwortung

Es ist ein genuiner Teil des unternehmerischen Denkens, Aufgaben und Pflichten wahrzunehmen. Dieses Aufsichnehmen kann nur dann sinnvoll sein, wenn für die Ergebnisse des Handelns auch die Verantwortung übernommen wird, bzw. wenn das Handeln als „verantwortlich" bezeichnet werden kann. Dazu gehört für den Unternehmer und Manager eine Klarheit darüber, welchen Werten dieses Verantwortlichsein verpflichtet sein soll.

Im unternehmerischen Sinne von „Verantwortung" zu sprechen, heißt auch, dass es nicht nur um eine Zuordnung von Aufgaben geht, sondern darum, dass die Führungskraft einem größeren Ganzen als nur dem engsten, eigenen Bereich verpflichtet ist.

Die weiteren Prinzipien sind Facetten von Verantwortung. Eine Führungskraft, der diese im Handeln nicht vertraut sind, die nicht kontinuierlich um eine Verbesserung in deren Sinne bemüht ist, wird schwerlich andere und sich selbst davon überzeugen können, sie handele „verantwortungsvoll". Viele der oft bemängelten Schwächen im Verhältnis von Führungskraft und Mitarbeitern kommen daher, dass die Führungskraft nicht in der Lage ist, ein klar wahrnehmbares Profil diesbezüglich zu zeigen.

Aspekte für das Key-Account-Management und TVS: Das oben Gesagte gilt für das Management und die eingesetzten Mittel im Vertrieb genauso und bedarf hier keiner weiteren Erörterung. Außer der vielleicht, dass im Vertrieb, wo häufig mehr Freiheiten gelten, der Zusammenhang mit dem Grundsatz der Verantwortung bzw. deren Fehlen, oft besonders deutlich wahrgenommen wird. Gerade da, wo mehr Freiheiten vorhanden sind, ist eine Aufmerksamkeit auf die andere Seite von Freiheit, nämlich auf das Thema Verantwortung, gefragt.

1.1.1.4.2 Effizienz

Ein wichtiges Ziel jeder strategisch orientierten Unternehmensführung ist die langfristige Verbesserung der Effizienz des Unternehmens. Der zu leistende Aufwand, um bestimmte Ziele zu erreichen, muss regelmäßig optimiert werden, bis er sich auf einem vertretbaren Niveau einregelt. Eine in allen anderen Punkten noch so gut durchdachte Strategie ist wertlos, wenn durch sie nicht wenigstens mittel- und langfristig auch eine Erhöhung der Produktivität oder eine Verbesserung der Kostenstruktur erreicht werden sollen. Dafür müssen die zur Verfügung stehenden Ressourcen im richtigen Maße eingesetzt werden. Dies gilt für den „Normalbetrieb" von Unternehmen gleichermaßen wie für den Sonderfall „Projekte". Eine gute Projektsteuerung und -durchführung ist durch Effizienz in Teilen gekennzeichnet. Nur ein Beispiel: Es hat sich gezeigt, dass die Anzahl der Projektmeetings ein Indikator dafür sein kann, wie gut oder wie schlecht Projekte laufen. Je häufiger Meetings stattfinden, desto schlechter laufen Projekte i. d. R., was den zu erwartenden Output angeht. Beobachtet der Projektmanager das, so müsste er sich also die Frage nach der Effizienz der Projektsteuerung stellen.

Aspekte für das Key-Account-Management und TVS: Das KAM soll einen Erfolgsbeitrag dadurch leisten, dass die wichtigsten Kunden des Unternehmens seinen Wohlstand insgesamt und langfristig erhöhen. In diesem Sinne ist ein effizientes Kundenmanagement erforderlich. Je nach Strategie kann es dabei mehr um Umsatz oder Umsatzrendite gehen. Aber vielfach wird dieser Aspekt der Rendite gerade im KAM vernachlässigt, und viele der KAM-Kunden erwirtschaften zwar Deckungsbeiträge, aber keine echten Renditen. Dies kann kurzfristig durchaus gewollt sein (Umsatzwachstum), muss aber als Konzept auf seine dauerhafte Tragfähigkeit überprüft werden. Der Grundsatz, dass sich jeder Kunde rechnen muss, ist sicherlich manchmal ein sehr anspruchsvolles Ziel, darf aber nicht aufgegeben werden.

1.1.1.4.3 Effektivität

Der Begriff „Effektivität" beschreibt das Maß der Wirksamkeit einer Handlung. Er bringt das erreichte Ziel zum vorher definierten Ziel ins Verhältnis und gibt Aufschluss darüber, wie nahe ein erzieltes Ergebnis dem angestrebten Ergebnis gekommen ist. Im managerialen Alltag kommt es entscheidend auf die Wirksamkeit an. D.h. es müssen die richtigen Ressourcen und Methoden zusammengebracht werden, um bestimmte Ziele auf die bestmögliche Weise zu erreichen. Außerdem muss berücksichtigt werden, dass sich Wirksamkeit immer in einem bestimmten Kontext entfalten muss. D.h. neben dem Blick auf Ressourcen und Methoden muss auch darauf geachtet werden, wie bestimmte Vorhaben in den Kontext integriert werden können, sowohl strukturell als auch kommunikativ und managerial.

Man kann sagen, dass Effektivität das Maß des unternehmerischen und managerialen Erfolges ist. Das Kriterium der Effektivität bildet die Grundlage für durchgängig optimale Prozesse mit hervorragenden Ergebnissen.

Aspekte für das Key-Account-Management und TVS: Ein gut organisiertes KAM ist bezogen auf das Unternehmensganze einer der wichtigsten Beiträge zu diesem Erfolgsgrundsatz, einfach schon mit Blick auf die Umsatz- und Renditebeiträge, die über das KAM generiert werden. Und wenn seine Aktivitäten auf effektive Weise der Produktion von Nutzen innerhalb der Kunden-Lieferantenbeziehung verpflichtet sind, wird dadurch für beide Seiten das Bestmögliche erreicht.

1.1.1.4.4 Auf vorhandene Stärken setzen

Der Erfolg eines Managers und einer Maßnahme ist wesentlich wahrscheinlicher, wenn auf den persönlichen und den bisherigen Stärken des Unternehmens aufgebaut wird und diese genutzt bzw. weiterentwickelt werden. In den meisten Fällen erweist es sich als falsch, Schwächen zu Stärken machen zu wollen. Vielmehr sollten die Schwächen bekannt sein, damit dieses Terrain vermieden bzw. durch Stärken kompensiert werden kann.

Aspekte für das Key-Account-Management und TVS: Ein bedeutender Kunde wird mit demjenigen Lieferanten arbeiten, dessen Kernkompetenzen und weitere Stärken ihm den größten Nutzen bringen. Insofern ist ein gutes KAM immer darauf ausgerichtet, solche Kunden zu finden und zu Key Accounts zu machen, deren Anforderungsprofil am besten zum eigenen Stärken-/Nutzenprofil passt. Den ökonomischen Nachweis dieses Stärkenprofils liefert TVS, indem dort gezeigt werden kann, welche positiven ökonomischen Effekte die Zusammenarbeit zweier oder mehrerer Unternehmen innerhalb einer gemeinsamen Wertschöpfungsarchitektur hervorbringen kann.

1.1.1.4.5 Differenzierung schaffen

Es muss in irgendeiner Form – durch Qualität, Image, Werbung usw. – eine möglichst gute Abgrenzung und Profilierung zu den Mitbewerbern im Markt geschaffen werden. Nur wo klare Unterschiede für den Kunden sichtbar sind, tragen diese auch zu seinen Kaufentscheidungen bei. Wenn diese nicht zu erkennen sind, dann wird über den Preis entschieden. **TVS** bietet genau hier das richtige Instrumentarium, um die fair kalkulierten Preise zu schützen und die Preissensitivität der Kunden zu verringern, weil der Gesamtnutzen eines Lieferanten deutlich hervortritt.

Aspekte für das Key-Account-Management und TVS: Mit seinem individualisierten Beitrag zur Lösung betrieblicher und unternehmerischer Herausforderungen bei Top-Kunden kann sich das KAM gegenüber Mitbewerbern i. d. R. gut profilieren. Hinzu kommt mit TVS, dass gezeigt werden kann, welche ökonomischen Potenziale durch eine bestimmte neue Lösung oder sogar in einer festen Partnerschaft, gehoben werden können. Erfolgreiche Partnerschaften drücken sich, wenn auch nicht ausschließlich, vor allem in gemeinsam erwirtschafteten ökonomischen Gewinnen aus.

1.1.1.4.6   Das Richtige zur richtigen Zeit tun

Es nützt nichts, Konzepte zu entwickeln, die gut durchdacht sind, wenn diese nicht in angemessener Zeit umgesetzt werden. So wird z. B. in Anbetracht der immer kürzer werdenden Marktlebenszyklen das „richtige Timing" bei Innovationen, Markteinführungen und in der Marktbearbeitung immer wichtiger; das gilt auch für die Akquisition. Da das richtige Timing in der Akquisition nicht dem Zufall überlassen werden sollte, ist eine gute Kundenkontaktfrequenz hier entscheidend.

Aspekte für das Key-Account-Management und TVS: Die Wünsche der Großkunden sollten schnell angegangen und erfüllt werden. Zudem hat dann das Einhalten von Terminen oberste Priorität. Die immer engere Taktung in den internen Abläufen macht es in den Beziehungen von Unternehmen erforderlich, dass diese engen Terminplanungsmöglichkeiten respektiert werden; daneben ist es aus akquisitorischer Sicht erforderlich, dieses schwierig zu bespielende Feld gut zu durchdenken und seine Aktionen darin gut zu planen. Hier ist es häufig so, dass bei der Steuerung dieser Aktionen (Vertriebssteuerung) noch mehr getan werden könnte.

1.1.1.4.7   Synergien nutzen

Erfolgreiche Unternehmen sind immer auch darauf ausgerichtet, dass die Aktivitäten der einzelnen Funktionsbereiche so miteinander in Verbindung gebracht und aufeinander abgestimmt werden, dass mögliche Synergien auch zum Tragen kommen. Die zugrunde liegende Überlegung ist, dass „1 + 1 möglichst 3" ergeben solle.

Aspekte für das Key-Account-Management: Synergien können in vielerlei Hinsicht hergestellt werden: z. B. zwischen den Funktionsbereichen im Vertrieb bei Cross- und Upselling-Aktivitäten. Oft gibt es Schwierigkeiten bei der Koordination von Field Sales und KAM oder auch zwischen Operations und Sales. Synergien kann es auch zwischen dem eigenen Unternehmen und den Key Accounts geben, wobei es zu erkennen gilt, wo echte Win-Win-Beziehungen aufgebaut werden oder sogar strategische Partnerschaften etabliert werden können.

1.1.1.4.8   Umwelt- und Marktchancen nutzen

Die Umwelt (hier: „die allgemeinen Rahmenbedingungen") und die für das Unternehmen interessanten Märkte müssen ständig nach Gelegenheiten abgesucht werden, die eine Optimierung oder eine Intensivierung der Anstrengungen in bestimmten Bereichen ermöglichen. Gleichzeitig können mit einer gezielten Markt- und Umweltbeobachtung drohende

Gefahren rechtzeitig erkannt werden. Außerdem geht es dabei auch um eine der Umwelt konforme Verhaltensweise. Die Unternehmensaktivität findet schließlich in diesem Kontext statt und steht dazu in Beziehung; insofern ist die Betrachtung der „Wetterlage" wichtig.

Aspekte für das Key-Account-Management: Im KAM gilt es, nicht nur die eigenen Umwelt- und Marktchancen zu erkennen und zu nutzen, sondern ebenso jene der Schlüsselkunden, da zwischen beiden eine starke Wechselwirkung besteht. Nur so können umfassend sinnvolle Produkte und Lösungen angeboten werden. Unternehmen, denen dies gut gelingt, weisen oft hohe Wachstums- bzw. Renditeraten in bestimmten Bereichen auf. So sind im Maschinenbau z. B. die Serviceabteilungen ein gutes Beispiel dafür.

Hintergrundinformationen

„Servicegestaltern gelingt es, ihr Servicepotenzial auf der installierten Maschinenbasis optimal auszuschöpfen; sie erreichen im Durchschnitt 56 Prozent ihres Umsatzes mit Ersatzteilen und technischen Serviceleistungen. Zudem erzielen sie Margen von bis zu 68 Prozent auf das Ersatzteilportfolio und bis zu 48 Prozent auf die Serviceleistungen, verbunden mit 95 Prozent Termintreue bei der Lieferung von Ersatzteilen oder der Erbringung von Serviceleistungen vor Ort. Dies gelingt ihnen deshalb, weil sie in enger Zusammenarbeit mit ihren zentralen Kunden kontinuierlich innovative Dienstleistungen entwickeln und diese bedarfsorientiert anbieten. Fast 10 Prozent der Serviceumsätze werden mit neuen Serviceangeboten erzielt, die seit weniger als zwei Jahren im Portfolio sind." Aus: PWC, „Serviceinnovation: Wachstumsmotor und Ertragsmaschine".

1.1.1.4.9 Zielen und Mittel zum Einklang bringen

Die Ziele, die ein Unternehmen verfolgt, müssen im Einklang mit den vorhandenen Mitteln (personelle, finanzielle etc.) stehen. Vom Verhältnis zwischen Zielen und Mitteln zu den Möglichkeiten, die das Umfeld bietet, hängt letztlich die Höhe des Risikos ab, das mit der Realisierung einer Unternehmensstrategie verbunden ist. Dieses Risiko ins rechte Maß zu bringen ist eine zentrale Managementaufgabe im strategischen Umfeld.

Aspekte für das Key-Account-Management: Hohe Ziele bei den Top-Kunden verlangen den Einsatz der besten Mitarbeiter und weiterer Ressourcen. So müssen Key-Account-Manager z. B. regelmäßig geschult und gut geführt werden, damit sie ihre ganze Wirksamkeit entfalten können; ihre Lohn- und Reisekosten sind hoch. Eine Wirtschaftlichkeitsrechnung pro Kunde muss aufzeigen, ob sich mittelfristig die Investitionen tatsächlich lohnen oder nicht.

1.1.1.4.10 Teamarbeit

Ein Unternehmen wird letztlich von allen Mitarbeitern, ihrer Leistung und ihrem Engagement getragen. Die gemeinsame innere Ausrichtung darauf hat eine nicht zu unterschätzende Bedeutung für den Erfolg, neben der äußeren, die sich in den Systemen, Tools, Meetings und dem Kooperationsgrad der einzelnen Funktionsbereiche zeigt. Der Aspekt, der bei der Teamarbeit im Vordergrund steht, ist mehr der einer gemeinsamen Ausrichtung, als der, grundsätzlich das Team für die Lösung aller Probleme zu halten. Teams haben, richtig eingesetzt, enorme Stärken; unterliegt man jedoch dem Mythos, das Team stelle per se eine Qualität dar, so täuscht man sich über die vielfach untersuchte und nachgewiesene Tatsache hinweg, dass Teams oftmals schlechtere Ergebnisse erzeugen als Einzelpersonen.

Aspekte für das Key-Account-Management: Das KAM muss in Zusammenarbeit mit den andern Verkaufseinheiten agieren können. Der Erfolg ist erst dann gesichert, wenn alle für einen Account zuständigen Team-Mitarbeiter die „gleiche Linie" verfolgen und keine falschen Konkurrenzbeziehungen zwischen ihnen bestehen.

1.1.1.4.11　Einfachheit

Unternehmerisches Denken muss oft einfach und einfach nachvollziehbar sein. Es darf nicht die Erstellung umfangreicher Handbücher und Richtlinien zum Ziel haben. Im Gegenteil: Übersichtlichkeit und konzentrierte Darstellung der getroffenen Entscheidungen sind anzustreben. Jeder im Unternehmen, jeder neu hinzukommende Mitarbeiter muss leicht verstehen können, wo er ist, was hier wichtig ist, welche die Ziele und welche die Mittel zu deren Umsetzung sind. Kompliziertheit ist weder ein Ausweis von Richtigkeit in der Sache noch von Wahrheit oder gar Intelligenz.

Aspekte für das Key-Account-Management: Hier sind z. B. die Account-Pläne für Großkunden zu nennen, die übersichtlich und möglichst einfach zu gestalten sind, damit sie allgemein verständlich sind und leicht bearbeitbar sind. Komplizierte Eingabemasken von Vertriebsinformationssoftware oder CRM-Systemen tragen nicht dazu bei, den Verkaufserfolg zu erhöhen; sie stützen ihn oft nicht einmal, sondern untergraben ihn. Die Berichtsinstrumente müssen einfach sein und sollen keine Redundanzen aufweisen. Und: Die Verkaufsleitung hat dafür zu sorgen, dass nur das berichtet wird, was die nächsten Schritte im Sinne der Kundenentwicklung betrifft. Die Instrumente der Vertriebsarbeit sollten so gewählt sein, dass ihre Erfolgsrelevanz über ihre Nutzung entscheidet. TVS ist ein solches hochgradig erfolgswirksames Instrument. Außerdem sollte daran gedacht werden, mehr in erfolgsrelevante Tools zu investieren als in bloße Datensammelstellen, die über kurz oder lang als Datenfriedhöfe enden.

Hintergrundinformationen

Im Gegensatz zu vielen Einsätzen von CRM-Systemen, die wir in den vergangenen Jahren beobachtet haben, erzeugen diese kaum einmal mehr Nutzen für den Vertrieb, als es eine große Adressdatenbank eben kann. „Endlich wissen wir genau, an wen wir die Weihnachtskarten schicken müssen!" … ist eben etwas anderes als: „Wir wissen nun, welchen Wertbeitrag und wo wir ihn bei unseren Kunden leisten." Mit dem Unterschied, dass große CRM-Systeme schnell ein paar Millionen an Investition bedeuten.

1.1.1.4.12　Beharrlichkeit

Die Ziele und Strategie eines Unternehmens sollten beharrlich und kontinuierlich verfolgt werden, um die angestrebten Erfolge auch tatsächlich zu erreichen. Dazu gehört – aus der Erfahrung in vielen Strategieprojekten –, dass sich die Unternehmen darüber Gedanken machen, wie sie aus den Nöten des reaktiven Management herausfinden können. Denn alle

Dinge, die *gut wären* umzusetzen, finden schnell Zustimmung. Ist die Strategie intelligent und klar formuliert, so wird kaum ein Manager sagen, dies wäre nicht so. Die Probleme beginnen in 90 % der Fälle bei der Umsetzung. Das Management muss vorher darüber informiert sein, was es bedeutet, eine Strategie zu entwickeln und umzusetzen. Mit einem entsprechenden Vorlauf ist dies auch zu leisten.

„Beharrlichkeit" bezieht sich also zunächst auf Entwicklung sowie Implementierung und dann auf die Verfolgung der Strategie im Tagesgeschäft. Denn dies ist der zentrale Zusammenhang: Die strategische Ausrichtung muss im Tagesgeschäft unmittelbar erkennbar sein und sollte keiner komplizierten Herleitungen bedürfen.

Dabei sollten Strategien zwar flexibel an veränderte Rahmenbedingungen angepasst werden, um den entsprechenden Chancen und Gefahren zu begegnen. Dies geschieht meist durch Eingriffe auf taktischer Ebene und bedeutet eben nicht immer einen Strategiewechsel. Aber dies muss den Akteuren auch so klar sein, damit es auch in der Kommunikation verständlich ist und nicht zu unnötigen Unruhen führt. Schlecht begründete, kurzfristige und abrupte Kurswechsel sorgen nicht nur für allgemeine Verwirrung, sondern haben eine geringere Produktivität und oft auch das Scheitern der damit verbundenen Absichten zur Folge.

Aspekte für das Key-Account-Management: Gerade im Geschäft mit Großkunden ist oft ein „langer Atem" vonnöten. Akquisitionszeiten von einigen Monaten bis zu Jahren, sind, je nach Größe des Geschäfts und den Modi in Bezug auf den Verhandlungsprozess als solchem, in vielen Branchen üblich. Großkunden müssen hier auf stetige Weise unter Zugrundelegung erfolgsentscheidender Parameter (wie zum Beispiel dem des Wertbeitrages) betrachtet und bearbeitet werden. Wie sollte man sonst Muster erkennen können, Verhaltensweisen prognostizieren oder künftige Bedarfe daraus ableiten bzw. Lösungen dafür erarbeiten können?

Zusammenfassend und bezogen auf die o. g. Prinzipien kann man sagen, dass ein wirksames und gezielt vorgehendes Vertriebsmanagement bzw. Key-Account-Management entscheidend für die erfolgreiche Nutzung von Chancen in einem globalen und tendenziell immer schwieriger werdenden Wettbewerbsumfeld ist. Und sicher können die Bedürfnisse von Schlüsselkunden noch viel stärker als bisher in der strategischen Ausrichtung sowie der Organisation von Unternehmen berücksichtigt werden – zum Nutzen aller Partner. Dazu ist es jedoch häufig erforderlich, sich ausgiebiger und mit geeigneteren Mitteln als bislang an der Nutzen- und Wertschöpfungsfrage abzuarbeiten.

1.1.2 Erfolgstreiber im Vertrieb

Im Vertrieb geht es darum, durch geeignete Maßnahmen einen Wettbewerbsvorsprung zu erzeugen, der möglichst lange anhält und von den Kunden honoriert wird. Diese Honorierung soll gewinnbringend sein. Die Methoden und Strategien, die dafür angewendet werden, sind von den Zielen, den Möglichkeiten eines Unternehmens, seinem diesbezüglichen Wissen über Methodiken und sinnvolle Ansätze sowie den Märkten und ihren Umfeldbedingungen abhängig.

Bei der Wahl ihrer Mittel gehen Unternehmen sehr unterschiedlich vor und man kann kaum sagen, dass es eine wirklich richtige Methodik gäbe, die nachweislich und regelmäßig zum Erfolg führt. Ebenso wenig lassen sich Managementansätze erkennen, die in der Lage wären, dies zu leisten. Egal ob „Just in time", „Lean Production", „Business Process Reengineering" oder „Balanced Scorecard" – keiner dieser Ansätze kann dies für sich beanspruchen. Viele Unternehmen haben es versucht und viele Berater haben es versprochen. In der Praxis erweist es sich jedoch immer wieder, dass die unreflektierte und nicht systemisch ansetzende Methodenanwendung oft nichts bewirkt als viel Staub aufzuwirbeln.

Dies liegt z. T. an den Erwartungshaltungen der Unternehmen, zum anderen an den Beratungsmodellen der Consultants. Wenn seitens der Unternehmen ein Beratungsmodell nach dem „Onkel-Doktor-Prinzip" erwartet wird und die Berater nichts Besseres damit anfangen können, als genau das zu bedienen, dann muss dies in der Folge zu Problemen führen. Häufig ist es auch so, dass Beratungsansätze/-Tools kreiert werden, und danach sucht man erst nach entsprechenden Optimierungsmöglichkeiten bei Unternehmen. Um im Onkel-Doktor-Bild zu bleiben: Zuerst erfindet man die Medizin und danach auch noch die Krankheit; und alles passt wieder.

Kooperative Beratungsmodelle gehen da anders vor und können in viel weniger Zeit und mit viel weniger finanziellem Aufwand viel bessere Ergebnisse erzeugen. Dazu bedarf es natürlich der Bereitschaft des Managements in Unternehmen und anderer Beratungskompetenzen, als sie heute üblich sind.

Nun, auch im Vertrieb ist es wichtig, zunächst einmal zu verstehen, was wirklich sinnvoll ist, um die Ziele zu erreichen und die Strategie tatsächlich auf hohem Niveau umzusetzen, sodass möglichst dauerhafte Wettbewerbsvorteile sichergestellt werden. Viele Managementansätze und ihre dominanten Stoßrichtungen erweisen sich bei näherer Betrachtung diesbezüglich jedoch als ungeeignet, da durch sie keine Kernkompetenz im Vertrieb, speziell im Verkauf und im Beziehungsmanagement zu Kunden, insbesondere zu Top-Kunden, aufgebaut wird. Die Blickrichtung im Management geht meist nach innen, nicht nach außen. Nur ein Beispiel: Es wird sicher jeder zustimmen, dass es wichtig sei, sich mit seinen Kunden zu befassen, genau zu wissen, was sie machen, was sie brauchen, wie die Entscheidungsstrukturen sind, wie deren Ziele und wie deren Strategie sei. Wenn man dies aber in Verkaufs- bzw. KAM-Abteilungen fragt, erhält man meist keine zufriedenstellende Antwort darauf. Eigentlich wäre es doch sinnvoll, wenn im Lieferantenunternehmen nahezu dieselben Informationen verfügbar wären wie beim Kundenunternehmen.

Um sich dauerhaft und mit Gewinn zu positionieren, bedarf ein Unternehmen überlegener Fähigkeiten in bestimmten Teilen der Wertschöpfungskette (Prozesskette) seiner Kunden; denn so wird Nutzen für diese hergestellt. Diese Fähigkeiten und dieses Wissen ermöglichen die Erarbeitung einer profilierten, wachstumsorientierten Zukunftsstrategie, die weit mehr beinhaltet als „nur" Sparanstrengungen, die Optimierung von Prozessen oder das Versinken in einem operativ geprägten Tagesgeschäft. Eine starke, auf Verkaufserfolg basierende Strategie zu entwickeln, sich den Anforderungen des Marktes damit anzupassen, bedeutet nicht die Aufgabe von Kernkompetenzen, sondern die Anpassung des

Geschäftsmodelles mit diesen Kernkompetenzen und deren strategisch orientierte Vermarktung. Dies ist ein großer Unterschied.

Neben den technischen Kernkompetenzen (und Kerntechnologien) gehört das Beziehungsmanagement zu den wichtigsten Kunden bzw. Kundensegmenten zum Spektrum der Kernkompetenzen erfolgreicher Unternehmen; gerade Technologie- aber auch Serviceunternehmen denken hier vielfach noch zu wenig vertrieblich.

Ein gutes Beziehungsmanagement und damit auch bessere Marktkenntnisse erlauben die Beantwortung wichtiger Fragen zur Zukunft des eigenen Unternehmens:

- Wer sind unsere 10 bis 20 wichtigsten Kunden heute und in den nächsten Jahren?
- Welche sind die wichtigsten Herausforderungen und Probleme unserer Kunden in der Zukunft? Wie werden sich deren Märkte, wird sich deren Geschäft verändern?
- Welche sind (abgeleitet aus der vorangegangenen Frage) die Elemente unserer USPs bzw. unserer Wettbewerbsvorteile in der Zukunft?
- Wo in unserer Wertschöpfungskette (Prozesskette) liegt die Basis für überdurchschnittliche Deckungsbeiträge?
- Warum ist das so? Welchen Wertbeitrag leisten wir für unsere Kunden innerhalb deren Wertschöpfungsprozessen?
- Welche Fähigkeiten machen uns jetzt und in der Zukunft einzigartig?
- In welchen geografischen Märkten werden wir künftig tätig sein?

Immer wieder zeigen Untersuchungen, dass zur Ergebnisverbesserung in vielen Unternehmen ein deutlich zu großes Gewicht auf den Kosten- und dort speziell auf den Personalabbau gelegt wird. Auf der anderen Seite stellt man fest, dass nur etwa 35 % der Kunden wirklich rentabel sind. Nur schlecht, wenn unter diesen 35 % gerade die 5–10 % Key Accounts sind. Wie will man denn aus dieser Rentabilitätsnot herauskommen?

Erstaunlich daran sind zweierlei Aspekte: Einmal, dass Ergebnisverbesserungen überhaupt durch Sparen erreicht werden sollen, anstatt durch den Einsatz von genuin Ergebnis treibenden Instrumenten aus dem Vertrieb. Zum zweiten, dass (unbewusst) ca. 50 % bis 60 % des Marketingbudgets und der Verkaufsressourcen auf Kunden ausgerichtet sind, die sich gar nicht rentieren respektive nie sinnvolle Deckungsbeiträge abwerfen können. Die Gründe hierfür sind zahlreich und vielschichtig; sie sollten genau analysiert werden, da dort oft erhebliche Wachstumsreserven liegen.

Für eine saubere Wachstumsstrategie gilt es, diejenigen Ansatzpunkte zu finden und festzulegen, die möglichst dauerhaft wirksame Verbesserungen erzeugen. Und echtes Wachstum kann nur mit einer Strategie erfolgen, die den richtigen Kundenfokus (Märkte, Kundentypologie, Nutzenversprechen), gezielte Produktinnovationen/-verbesserungen und die richtigen Kernkompetenzen definiert.

Damit diese strategischen Stoßrichtungen Wirkung zeigen, sind eine gezielte Ausrichtung am gegenwärtigen und zukünftigen Kundennutzen, die Wirtschaftlichkeit der Geschäftsprozesse und eine konsequente Umsetzung mit fähigen, auch aus sich heraus begeisterten und engagierten Mitarbeitern notwendig. Kundennutzen ergibt sich aus dem

Wertbeitrag, den ein Lieferant innerhalb der Wertschöpfungsprozesse seiner Kunden leistet. Die meisten Lieferanten wissen noch viel zu wenig Relevantes darüber und wundern sich oft, dass es bei ihnen „immer nur um den Preis" geht.

Eine echte Wachstumsstrategie und die Erfolgspotenziale eines Unternehmens werden nur dann mit Gewinn umgesetzt, wenn es gelingt,

a) überhaupt die richtigen Top-Kunden zu wählen. Also diejenigen, die am besten zu unserem gegenwärtigen Leistungsangebot passen, für die wir aus unseren Kernkompetenzen heraus den größten Nutzen schaffen können,
b) das richtige Nutzenangebot selbst zu schaffen,
c) die selektierten Kunden in strategisch relevanter Weise und mit strategisch wirksamen Instrumenten zu bearbeiten,
d) sie langfristig als Partner mit für sie und uns strategisch (Positionierung) relevanten Leistungen zu bedienen,
e) sie entsprechend zu pflegen und die Kommunikation mit ihnen lebendig und nutzbringend zu gestalten.

Die folgenden Vertriebsprozesse bewirken eine Steigerung des Verkaufserfolges:

a) Neukundengewinnung
b) Cross-Selling (zusätzliche Produkte an bestehende Kunden)
c) Up-Selling (Potenzialausschöpfung durch intensivere Nutzung bestehender Produkte bei bestehenden Kunden)
d) Neuprodukteinführung

Daher müssen diese im Fokus stehen und es müssen alle Voraussetzungen dafür geschaffen werden, damit diese Prozesse auf hohem Niveau auch durchgeführt werden können.

1.1.2.1 Exkurs: Vertriebs-Controlling

Daneben braucht es ein Vertriebs-Controlling, das wenigstens die wichtigsten Prüf- und damit Steuerelemente und deren Kennzahlen umfasst. Dazu gehören:

- Strukturanalysen: im Sinne der Analyse der Effizienz der Vertriebs- und Marktstruktur
- Wirtschaftlichkeitsanalysen: also die Überwachung der Zielerreichungsgrade der Vertriebsaktivitäten, Vertriebsorganisation und Absatzsegmente
- Lageanalysen: im Sinne z. B. von Zeitreihenanalysen und der Identifikation von „schwachen Signalen".

Etwa 30 % der Unternehmen (eigene Schätzung) arbeiten ohne echte Vertriebskennzahlen, etwa 50 % mit ungeeigneten Kennzahlensystemen bzw. einer halbherzigen Führung mit Kennzahlen. Die Aufgabe von Vertriebskennzahlen wäre es aber, die Vertriebsprozesse und deren Ergebnisse sowie zentrale Zusammenhänge transparent zu machen, sodass Führung in diesem wichtigen Bereich überhaupt möglich wird. Kennzahlensysteme dienen dazu, marktrelevante Sachverhalte zu erfassen und Ursache-Wirkungs-Beziehungen zu erkennen, sodass eine noch bessere Ausrichtung auf Markt und Kunden möglich wird.

Das Vertriebsmanagement kann solche Kennzahlensysteme sinnvoll als Raster für Zielvorgaben in Vertriebsprozessen und in einzelnen Verantwortungsbereichen sowie zur Ergebnismessung in den Bereichen Absatz, Kunden, Wettbewerbs- und Marktsituation nutzen.

Einen Überblick zu möglichen Kategorien für Vertriebskennzahlen bietet Tab. 2.1.

Das größte Problem bei der Verwendung von Kennzahlen ist, aus den zur Verfügung stehenden Informationen solche Ergebnisse zu generieren, dass daraus verkaufserfolgsrelevante Schlussfolgerungen möglich werden. Dabei ist unbedingt auf eine gute Ökonomie zu achten. Je mehr Kennzahlen es gibt, desto mehr Widersprüche gibt es auch, desto schwieriger wird die Interpretation der Ergebnisse.

Zu den Wirtschaftlichkeitsuntersuchungen im Vertrieb, wie z. B. der Ermittlung kostendeckender Auftragsgrößen, der Vorteilhaftigkeit von Eigen- oder Fremdlägern, der Vorteilhaftigkeit von Eigen- oder Fremdtransport, der Frage nach eigener oder ausgelagerter Sales Force gehört auch die Untersuchung der Kosten des erfolglosen Vertriebs, die nur von wenigen Unternehmen überhaupt betrieben wird.

Dabei steht die Frage im Zentrum: Was kostet es, z. B. eine so geringe Hitrate zu haben? 9 von 10 Tendern werden nicht gewonnen, 90 % unseres Ressourceneinsatz sind also erfolglos.

1.1.2.2 Überblick: Der Verkauf an Großkunden

Hintergrundinformationen
Der Begriff „Großkunde" steht hier und künftig für alle Kunden, die in das A-Segment, zum Key- bzw. Global-Account-Segment eines Unternehmens gehören.

Verkauf erfolgt, was die Produkte und Services, sowie den Zusammenhang mit bestimmten Kundensegmenten – eine ABC-Clusterung zugrunde gelegt, angeht, etwa in der Stufenfolge, wie sie in Abb. 2.1 dargestellt ist.

Je nach Wichtigkeit der Nachfrage erhält der Kunde mehr und mehr Aufmerksamkeit, wenn es um spezifische Anpassungen oder sogar um wirkliche Neuentwicklungen geht, um ihn bei der Bewältigung seiner Aufgaben zu unterstützen.

Jeder, der einmal in großen Akquisitionsprojekten und nach deren Gewinnung an ihrer operativen Umsetzung gearbeitet hat, weiß, wie fordernd das Tagesgeschäft sowohl der Akquisition als auch der Projektumsetzung ist. Für viele Unternehmen stellt sich entsprechend die Frage: *Wie soll denn eine Fokussierung auf die strategischen Themen in den Beziehungen zu unseren Top-Kunden überhaupt geleistet werden?* Über die Einsicht, dass dies notwendig und in vielerlei Hinsicht sinnvoll ist, lässt sich leicht Einigkeit herstellen. Was jedoch nicht

Tab. 2.1 Kennzahlenkategorien: Marketing- und Vertriebskennzahlen (Quelle: Homburg und Krohmer 2003: 1029)

	Effektivität	Effizienz
Potenzialbezogene Kennzahlen	Kategorie I	Kategorie II
	■ Kundenzufriedenheit	■ Anzahl erzielter Kontakte/Kosten der Werbeaktion
	■ Markenimage	■ Kundenzufriedenheit mit der Verkaufsunterstützung/Kosten der Verkaufsunterstützung
	■ Preisimage des Anbieters	■ Kundenzufriedenheit mit der Lieferbereitschaft/Kosten der Vertriebslogistik
	■ Bekanntheitsgrad des Leistungsangebots	
	■ Lieferzuverlässigkeit	
Markterfolgsbezogene Kennzahlen	Kategorie III	Kategorie IV
	■ Anzahl der Kundenanfragen	■ Anzahl der Kundenanfragen pro Auftrag
	■ Anzahl der Gesamtkunden	■ Anzahl der Kundenbesuche pro Auftrag
	■ Anzahl der Neukunden	■ Anzahl der Angebote pro Auftrag (Trefferquote)
	■ Anzahl der verlorenen Kunden	■ Anteil der erfolgreichen Neuprodukteinführungen (Erfolgs- bzw. Floprate)
	■ Anzahl der rückgewonnenen Kunden	■ Anzahl gewonnener Neukunden/Kosten der Aktivitäten der Direktkommunikation
	■ Marktanteil eines Produktes	
	■ Am Markt erzieltes Preisniveau	
	■ Loyalität der Kunden	
Wirtschaftliche Kennzahlen	Kategorie V	Kategorie VI
	■ Umsatz	■ Gewinn
	■ Umsatz bezogen auf Produkt/Produktgruppe	■ Umsatzrendite
	■ Umsatz bezogen auf Kunde/Kundengruppe	■ Kundenprofitabilität

Tab. 2.1 (Fortsetzung)

	Effektivität	Effizienz
	■ Umsatz aufgrund von Sonderangebotsaktionen	■ Umsatz aufgrund von Rabatten/Kosten in Form von entgangenen Erlösen
	■ Umsatz aufgrund von Aktivitäten der Direktkommunikation	■ Messeteilnahme/Kosten der Messeteilnahme

DIE VERKAUFSPYRAMIDE	
Es wird aktiv zur Lösung unternehmerischer Aufgabenstellungen und Probleme beigetragen.	A-Kunden
Es wird aktiv zur Lösung betrieblicher Aufgaben (z. B. in der Produktion/Administration etc.) beigetragen.	A-Kunden
Zu den guten Produkten wird auch ein guter Service und Support zur Verfügung gestellt.	B-Kunden C-Kunden
Lieferung von besonders guten Produkten und Dienstleistungen in spezifischen Kombinationen.	B-Kunden C-Kunden
Verkauf von Standardprodukten nach den Spezifikationen des Kunden.	C-Kunden

Abb. 2.1 Die Verkaufspyramide. Die Übergänge können fließend sein

so einfach ist, ist auch hier sehr häufig die Umsetzung auf hohem Niveau; und es werden alle möglichen Gründe dafür genannt, warum dies nun gerade nicht ginge. Dabei ist dies eine Kernfunktion im Vertrieb, vor allem bei Großkunden.

Um diese Fokussierung zu erzeugen, braucht es

1. direkte Informationen zu den Entwicklungen des Kunden und seiner Märkte,
2. Klarheit über die Aufgaben, die er daher heute und in den kommenden Jahren vor sich sieht,
3. verwertbare Brancheninformationen (über Messen, Zeitschriften, Kongresse, persönliche Kontakte etc.), um zu bewerten, welche Trends es gibt,
4. eine Datenbank (Vertriebsinformationssystem), in der diese Informationen gesammelt und nach gewichteten Erfolgsfaktoren aggregiert werden,
5. eine Institutionalisierung von Strategiegesprächen/-Workshops mit dem Kunden.

Das ist eigentlich nicht viel und bringt am Ende viel mehr, als sich beispielsweise an Ausschreibungen zu beteiligen, wo man noch keinen einzigen persönlichen Kontakt zum Buying Center hat.

Bei der o. g. Verkaufspyramide führt der Weg häufig von unten nach oben und endet im besten Falle mit einem Beitrag zur Lösung unternehmerischer Aufgabenstellungen des Key Accounts. Das ist ein mühsamer Weg, der schnell an seine Grenzen kommt und kaum einmal herausragende Ergebnisse und strategische Partnerschaften generieren kann. Denn die Frage bleibt im Raum: Wie kann dieser „beste Fall" erzeugt werden? Im **TVS** fängt die Arbeit des Sales Managers dort an, wo sie im klassischen Key-Account-Management endet. **TVS** nutzt darüber hinaus auch ein etwas anderes Wording. Das werden wir im Hauptteil III zur Methodik des **TVS** sehen.

Der Kampf um Kunden im sog. „Top-Segment" steht bei nahezu allen Unternehmen und allen Branchen im Fokus der Akquisitionsanstrengungen. Es geht um Auslastungen, Umsätze, wichtige Markteintrittskunden etc. Gerade wegen der Konzentrationsbewegungen der Märkte ist jedes Unternehmen heute darauf angewiesen, dort eine systematische Bestandskundenbetreuung und Neuakquisition zu betreiben, und es braucht ein entwickeltes Key-Account-System für diese Top-Kunden, das in der Lage ist, die hohen Anforderungen und Nutzenerwartungen zu erfüllen. Diese Nutzenerwartungen sind letztlich ökonomischer Art. Egal, ob es sich um Spezifikationen einer Maschine, eines Logistiknetzwerkes oder einer IT-Infrastruktur handelt, der Kunde investiert in zugekaufte Produkte und Dienstleistungen, um darüber sein eigenes Angebot, seine eigene Positionierung zu verbessern und um sich von seinen Wettbewerbern abzugrenzen.

Viele Unternehmen stehen bei dieser Art der Betrachtung erst an der Schwelle: Viele haben erkannt, wie wichtig es ist, hier eine eigene Organisation und eigene Prozesse zu definieren, wie wichtig die Menschen sind, die diese schwierigen Aufgaben erfüllen sollen. Sie haben erkannt, dass es zu einer erfolgreichen Arbeit mit Key Accounts auch hoch entwickelter Methoden der Identifikation, Akquisition und des After Sales bedarf. Aber: Sie wissen noch nicht genau, wie ein Ansatz aussehen könnte, der für sie praktikabel und vor allem wirklich erfolgreich ist. Sie wissen wohl, dass ihre Kunden Nutzen kaufen; aber diesen Nutzen verkäuferisch auch zu generieren (über Organisation, Strukturen, Kompetenzen, Tools, Systeme und Prozesse), das gelingt viel zu selten und endet daher für die meisten Unternehmen schlicht in Preiskämpfen.

Die üblichen Key-Account-Organisationen sind darauf angelegt, Ausschreibungen bei den Top-Kunden zu akquirieren (pro-aktives Vorgehen) bzw. auf erhaltene Ausschreibungen zu reagieren (reaktives Vorgehen).

Oft ist das schon ein relativ erfolgreicher Weg; jedenfalls dann, wenn er systematisch und mit Aufmerksamkeit auf das wirklich Wichtige begangen wird. Wirklich wichtig ist meist der möglichst frühzeitige und möglichst hohe Abschluss für den Lieferanten bei den richtigen Kunden, sowie die Generierung echten Nutzens für den Auftraggeber. Ein gutes Key-Account-Management ist weder aktiv noch reaktiv, es ist pro-aktiv. Im Verkauf heißt dies, dass es deutlich vor dem Punkt beginnt zu arbeiten, wo die meisten Key-Account-Systeme ansetzen. Und deshalb sind einzelne Unternehmen so erfolgreich. Es beginnt nämlich,

1. bevor eine Ausschreibung generiert wird und
2. auf allerhöchster Organisationsebene des Kunden sowie
3. bei den Anwendern (mit den richtigen Themen).

1.1.2.2.1   Der Einsatz von TVS

TVS kann in unterschiedlichen Akquisitionsphasen sinnvoll angewandt werden. Sowohl in der sog „Problemphase", wo noch gar keine Ausschreibung produziert wurde, als auch bis zum Schluss der Verhandlungsphase. Jeder Zeitpunkt ist in dieser Spanne geeignet, um **TVS** einzusetzen. Aber je eher, desto besser … am besten, bevor Budgets eingestellt werden, über deren Deckelung man sich nachher ärgert. Vor der sog. „Problemphase" weiß der Kunde noch gar nicht, dass er ein Problem hat bzw. haben wird, in seinen ganzen Erfolg zu kommen. In dieser Situation finden sich die allermeisten Unternehmen recht häufig wieder. Das erkennt man nicht zuletzt sehr gut daran, dass sie immer wieder ihren plötzlich aufgetretenen Wünschen oder vorher nicht erkannten Notwendigkeiten hinterher budgetieren müssen.

Leider gibt es viel zu wenige echte strategische Zusammenarbeit zwischen den spezialisierten Lieferanten und deren Kunden, und leider akquirieren die meisten Lieferanten nicht auf eine Nutzen stiftende Weise.

Dadurch werden die gemeinsamen Erfolgspotenziale nicht gehoben, und die Marktpositionierung beider Partner bleibt oft erheblich hinter ihren wahren Chancen zurück. Um Erfolgspotenziale zwischen Auftraggeber und Lieferant zu heben, wurden vor Jahren Denk- und Methodensysteme wie z. B. das ECR entwickelt. Trotz aller Betonung des gemeinschaftlichen Ansatzes bei diesen Modellen ging die Initiative für deren Realisierung oft von den Auftraggebern aus. Die Betonung lag auf der Einkaufsseite und den verbesserten Prozessen einer Zusammenarbeit. Echte Partnerschaft hat meistens nicht stattgefunden. Daher ist ECR im Grunde genommen ein gescheitertes Modell, das an seine Grenzen gekommen ist.

Hintergrundinformationen
ECR = Efficient Consumer-Response, Effiziente Konsumentenresonanz, eine Initiative zur Zusammenarbeit zwischen Herstellern und Händlern, die auf Kostenreduktion und bessere Befriedigung von Konsumentenbedürfnissen abzielt.

Der Ansatz des **TVS** ist anders. Er beinhaltet nämlich sowohl die genannten Elemente der Partnerschaftlichkeit als auch weitere strategische Komponenten, die für eine bessere gemeinsame Positionierung im Markt ausschlaggebend sind. Und vor allem liefert es das methodische Rüstzeug dafür.

Über einen strategischen Nutzenmix verkauft der Lieferant seine Leistungen an seine Auftraggeber. Und zwar idealerweise auch über die höchste unternehmerische Entscheiderebene. Das heißt natürlich nicht, dass man mit den Anwendern einer Lösung nicht sprechen sollte. Aber mit denen spricht man ohnehin schon am meisten. Es heißt nur, dass eine saubere vertikale und horizontale Unternehmensdurchdringung aus dem KAM angestrebt werden sollte. Es ist wichtig, dass die unterschiedlichen Beteiligten eines Buying Centers, ihrer Bedeutung für die Kaufentscheidung gemäß, alle verkäuferisch bearbeitet werden.

Viele Unternehmen aller Branchen und Größenordnungen stehen durch die neuen Herausforderungen der Globalität vor ganz unerwarteten Themen. Überall auf der Welt entstehen tägliche neue Beschaffungs- und Absatzmärkte, oder es verstärken sich schon bekannte Dynamiken (siehe China), und es entstehen damit auch neue wettbewerbliche Situationen. Dadurch hat sich das unternehmerische Umfeld in den letzten 5–10 Jahren deutlich gewandelt. Auch als die Sowjetunion zusammenbrach, erhofften sich viele das große Geschäft; tatsächlich hat es nur für wenige, aber kaum für die beteiligten Volkswirtschaften stattgefunden. Mit China hat man jahrelang dieselben Fehler gemacht und dieselben unrealistischen Erwartungen geschürt. Heute haben hoch angesehene Unternehmen und Qualitätshersteller nicht mehr ihre verlängerte Werkbank dort, sondern ihre größten Konkurrenten. Natürlich gibt es aus der Situation auch neue Chancen, aber sie sind rar gesät und wollen mit Weitblick erarbeitet werden.

Der Vertrieb soll auf solche sich stark verändernde Situationen Antworten finden. Er steht deshalb sicher auf besondere Weise im Mittelpunkt des Interesses der meisten Unternehmen. Man sucht nach Lösungen, um profitable Geschäfte zu akquirieren, oder um bestehende Geschäfte endlich zu profitablen zu machen.

Ein gestraffter und vor allem viel mehr strategisch orientierter Vertrieb kann hier die notwendigen Veränderungen bringen. Es geht darum, klare und eindeutige Vorteile im Wettbewerb um lukrative Großkunden zu entwickeln und so zu kommunizieren, dass sie auch vom Markt wahrgenommen werden können. Und: Der Erfolg ist nur in den wenigsten Fällen eine Sache des Preises!

Im Grunde genommen kann man sagen, dass jedes wirtschaftende Unternehmen letztlich nur eigenen Wettbewerbsvorteil von seinen Lieferanten erwirbt.

1.1.2.2.2 Ansätze für mehr Effizienz im Vertrieb

In einer Studie aus dem Jahr 2004 (Reese 2004), die sich mit der Effizienz im Vertrieb befasste, bewerteten die befragten 127 Vertriebsleiter deutscher Unternehmen eine Reihe von Maßnahmen, die ihres Erachtens nach zu einer Steigerung der Effizienz im Vertrieb (und im Marketing) führten. Die von ihnen als durchzuführende Maßnahmen mit hoher Wirkungsentfaltung eingestuften Themen bedürfen im Sinne des **TVS** einiger Ergänzungen. Wir rekurrieren hier trotzdem auf diese Studie, weil sie zeigt, wo die Grenzen der üblichen Methoden und Denkweisen liegen, und wo geeignete Ansätze für wichtige Neuerungen sind:

Top-Maßnahme 1: Optimierung der Anzahl an Außendienstmitarbeitern in Bezug auf Kundenanzahl und Besuchshäufigkeit

Kommentar: Eine bekannte – und manchmal sicherlich auch berechtigte Forderung. *Das heißt für den Ansatz des TVS:* Field-Sales-Manager und Top Account-Manager (wie bspw. Key-Account-Manager oder Global-Account-Manager)müssen natürlich in einer ausreichenden Anzahl und mit den entsprechenden Qualifikationen im Sales-Bereich vertreten sein, damit die Unternehmensziele erfüllt werden können. Dazu gehört auch, dass die Arbeitsweisen und Aufgaben z. B. gemäß den Vorgaben und Werten eines Value Partnerings über alle Vertriebshierarchien und Funktionsbereiche klar kommuniziert sind und damit vom Management geführt werden. Allerdings gilt es auch, qualitative Aspekte mehr zu berücksichtigen. In den meisten Unternehmen käme es sicherlich – neben der richtigen Personaldecke – auf die richtige Qualität aller Tätigkeiten dort an, auf eine entsprechende Führung. Und auch darauf, bestimmte Dinge einfach zu lassen.

Top-Maßnahme 2: Optimierung der Prozesse für die einzelnen Arbeitsabläufe

Kommentar: *Das heißt für den Ansatz von TVS:* Im **TVS** geht es zunächst weniger um einzelne Arbeitsabläufe als um den gesamten Prozess der Akquisition von strategisch relevanten Großkunden.

Als erste Maßnahme könnte, sofern noch nicht vorhanden, ein Sales-Prozess im A-Kunden-Segment erstellt werden. Immer wieder wird dies nachgewiesen, dass Unternehmen, die einen definierten Sales-Prozess haben, bessere Ergebnisse haben als solche ohne. Alle Tätigkeiten im Sales-Prozess sollten eine klare Ausrichtung auf den Nutzwert und seine Kommunikation bzgl. der angebotenen Produkte und Leistungen haben, und sie sollten nach ihrer Erfolgswirksamkeit bewertet werden. Letztlich geht es im Verkauf darum, viele gute Abschlüsse zu erzielen. Der Sales-Prozess definiert den Weg dorthin. Er verkürzt die Akquisitionszeiten um bis zu 40 % und macht Führung im Vertrieb überhaupt erst möglich.

Top-Maßnahme 3: Implementierung und Benutzung moderner Informationstechnologien im Außen- und Innendienst

Kommentar: *Das heißt für den Ansatz des TVS:* Die übliche Informationstechnologie im Sinne von Vertriebsinformations- oder CRM-Systemen kommt natürlich nicht in Frage, da sie die Anforderung nach einer Klärung des Wertbeitrages eines Lieferanten innerhalb der Wertschöpfungsprozesse seiner Kunden nicht erfüllt und selten strategisch und abschlussrelevante Informationen enthält bzw. aggregiert. Viele unserer Kunden schaffen daher für TVS ein eigenes kleines Modul, das einfach auf einem Tabellenkalkulationsprogramm basiert und jeder Vertriebsmitarbeiter auf seinem Rechner leicht handhaben kann.

Häufig steht der Aufwand von Software im Vertrieb in keinem Verhältnis zum Output. Wir sehen immer wieder, dass sogar mehrere Systeme parallel existieren, dass es redundante Informationen gibt (die manuell eingepflegt werden müssen!), dass es aber wenig gibt, was den Verkauf wirklich weiter bringt.

Top-Maßnahme 4: Entwicklung von Marketing-Vertriebskonzepten, die auf die einzelnen Kundensegmente zugeschnitten sind

Kommentar: *Das heißt für den Ansatz des TVS:* Kundensegmente stellen den großen Rahmen dar, innerhalb dessen sich die Strategie und Vertriebsarbeit von Unternehmen, gegliedert nach Kernbranchen, ereignet. Bei **TVS** kommt es aber noch mehr auf einzelne Key-Player und deren mögliche Bedeutung als wichtige Auftraggeber bzw. sogar strategische Partner an. Um diesen Kundentypus zu gewinnen, braucht es einen einzigartigen „Business Value" (UBV = Unique Business Value): **Welchen einzigartigen Nutzen wollen und können wir unseren Kunden jetzt und in Zukunft bieten?** Von dieser Frage ausgehend ergeben sich ganz viele sinnvolle Blickrichtungen im Vertrieb: bei der Steuerung, den notwendigen Tools, der Marktsegmentierung, der Führung. Denn letztlich laufen alle Aktivitäten auf die Beantwortung dieser Frage hinaus, sei es bewusst oder unbewusst.

Ich sage deshalb „bewusst oder unbewusst", weil vielen Unternehmen z. B. ihre USPs gar nicht bekannt sind, jedenfalls nicht auf eine Weise, dass sie im Verkauf wirklich genutzt werden könnten. Weil das so ist, geht es dann meist um den Preis. Unbewusst läuft es also auf die Frage hinaus, ob ein UBV geboten werden kann oder nicht; der setzt sich wesentlich aus den USPs zusammen. Aber wenn da nichts ist, was in den Ring geworfen werden könnte …

Die Antwort auf die Frage, wie ein UBV für den Kunden generiert werden kann, setzt sich aus mehreren Teilen zusammen: Der Vertrieb als Funktionsträger des Unternehmenserfolges kann nur dann wirklich wertschöpfend (für Kunden und das eigene Unternehmen aktiv sein) wenn er

- innerhalb einer entsprechenden Strategie und Unternehmenskultur arbeiten kann, die vertriebsgetrieben, also auf den Markt und seine Bedarfe eng bezogen ist, und viel dafür tut, dies zu sein.
- weiß, was Nutzen überhaupt ist,
- weiß, wie man Nutzen kommuniziert,
- die Wertschöpfungsketten und -potenziale seiner Kunden auch tatsächlich kennt. Denn nur so können unverwechselbare, einmalige Lösungen für Kunden geschaffen werden, deren Nutzen auch anerkannt wird,
- an der Gestaltung der vom Markt verlangten Produkte und Lösungen so beteiligt ist, dass bei Design und Ausgestaltung ein klar erkennbarer Grundnutzen für die Nachfrager entsteht.

Hintergrundinformationen
Das klingt zwar evident, aus unserer Erfahrung wissen tatsächlich aber mehr als 95 % der Vertriebsmitarbeiter in den Unternehmen tatsächlich nicht, was das Wort „Kundennutzen" konkret bedeutet und wie das eigene Unternehmen diesen Nutzen (vor allem in ökonomischer, nicht in operativer Hinsicht) für den Kunden erzeugt.

Hintergrundinformationen
Die Begriffe „Produkte" und „Leistungen" werden künftig synonym benutzt.

Hintergrundinformationen
Für viele Unternehmen stellen Serviceleistungen ein immer attraktiveres Feld dafür dar. Im Maschinenbau werden Renditen vielfach nur noch durch die Serviceleistungen erbracht. Bei Neumaschinen bewegt man sich leider viel zu oft nur im Bereich von Deckungsbeiträgen.

1.1.2.3 Exkurs: Die Wandlung der Ökonomien

TVS ist eine Verkaufsmethodik für den Einsatz im Großkunden-, Key- und Global-Account-Verkauf. Daher ist es sinnvoll, sich einmal in den größeren Kontext des Verkaufens hineinzubegeben, also das Geschehen zwischen Lieferant und Kunde zugunsten einer erweiterten Perspektive kurz zu verlassen.

Wie alles andere auch, so hat das professionelle Verkaufen seine Geschichte. Man kann sagen, dass eine systematische Betrachtung dieses Themas (Verkauf/Marketing) etwa in den 50er Jahren des 20. Jahrhunderts einsetzte. Grob skizziert kann man etwa den in der Tab. 2.2 dargestellten Entwicklungsgang nachvollziehen.

In Tab. 2.2 ist immer von „Postulaten" die Rede, einfach aus dem Grunde, weil damit sozusagen der Theoriestand reflektiert wird, nicht aber die Wirklichkeit der meisten Unternehmen. Denn es ist ja nicht so, als seien alle Unternehmen und voll umfänglich durch diese Entwicklungen gegangen. Im Gegenteil, es gibt heute eine enorme Unterschiedlichkeit, was die kulturelle Entwicklung im Vertrieb angeht und die meisten Unternehmen befinden sich immer noch in einem Zustand, der viel Platz für Entwicklung im oben beschriebenen Sinne erlaubt.

Doch schauen wir uns den nächst größeren Rahmen an. Der kulturelle und wertschöpfende Paradigmenwechsel von einer Industrieökonomie zu einer Informationsökonomie begann in Europa etwa in den späten 60er Jahren (Naisbitt 1982). Dieser Wandel ist immer noch in Gang. Jedes Jahr arbeiten in Deutschland weniger Menschen in Güter produzierenden Sektoren, aber immer mehr im Dienstleistungsbereich, der im Wesentlichen von der Informationsverarbeitung bestimmt ist. Wir leben in einer Epoche, in der ein effektiver Informationsaustausch die Grundlage für die meisten ökonomischen Transaktionen darstellt. Aktuell befinden wir uns in der Spätzeit des Informationszeitalters, und die Implikationen für die persönliche Komponente von Unternehmensbeziehungen, also da, wo Menschen direkt miteinander interagieren, sind erheblich und gerade im Verkaufsgeschehen von großer Bedeutung. Im Folgenden werden die für die Informationsökonomie prägenden Hauptfaktoren und ihre Auswirkungen auf die persönlichen Unternehmensbeziehungen beschrieben.

Das Informationszeitalter hat die Entwicklung von technischen Werkzeugen enorm vorangetrieben. Jeder Verkaufsmitarbeiter und alle Personen in Unternehmen nutzen Computer, E-Mails, Fax, Handys und andere Tools, um Prozessinformationen zu verarbeiten, zu erhalten oder weiterzugeben. Das sprunghafte Wachstum im E-Commerce-Bereich und anderen Internet-Aktivitäten wie den sozialen Netzwerken haben den Gebrauch von Computern und Handys verändert und in der Konsequenz auch das Verhalten der Menschen im persönlichen Kontakt. Stan Davis, Autor des Buches: „Blur: The Speed of Change in the Connected Economy" (Davis und Meyer 1998) sagt darin, dass wir *heutzutage den Computer weniger für die Datenverarbeitung als für die Kommunikation verwenden*. Er ist also weniger ein „Rechner" als ein Kommunikationsmittel, so, wie es früher ausschließlich das Telefon war. Diese Kommunikation findet zwischen den Menschen, den Maschinen selbst, zwischen Produkten und Services und zwischen den Organisationen statt. Häufig zwischen allen genannten Bereichen zugleich. Ohne diese Vernetzung könnten gerade Sales-Organisationen ihre Arbeit gar nicht machen, die ja zu großen Teilen darin besteht, Informationen zu sammeln, zusammenzustellen und verantwortlich zu managen. Die vielgestaltigen Beziehungen zwischen Unternehmen wären in dieser Breite und Tiefe nicht denkbar.

Welchen Einfluss hat dies nun auf unser spezielles Thema in diesem Buch? Tabelle 2.3 stellt eine Übersicht zum Paradigmenwechsel in der Wertschöpfung dar.

Tab. 2.2 Die Entwicklung des Marketings seit den 1950er Jahren

Schwerpunkte im Marketing	Verkaufsschwerpunkte (und ihre Hauptpostulate)
Mitte der 50er Jahre: Das Zeitalter des Marketings beginnt …	
Unternehmen entdecken, definieren und bedienen bestimmte Zielmärkte. Ein erster Paradigmenwechsel kündigt sich an: Die frühere Produktorientierung wird durch eine weitgehende Kundenorientierung abgelöst.	■ Postulat 1: Der Verkäufer befindet sich in einer Schlüsselposition, um Produkt-, Markt- und Serviceinformationen zu sammeln, die den Bedarf der Kunden betreffen.
Späte 60er bis frühe 70er Jahre: Phase des beratenden Verkaufs	
Die Verkäufer werden zu Analytikern der Kundenwünsche und zu deren Beratern. Massenmärkte werden von den Unternehmen zu echten Zielmärkten umgewandelt.	■ Postulat 1: Kundenbedürfnisse sollen über Kommunikation darüber in Gesprächen ermittelt werden. ■ Informationen und Verhandlungstaktiken ersetzen den vormals eher manipulativen Ansatz.
Frühe 80er Jahre: Phase des strategischen Verkaufs	
Die Entwicklung des komplexer werdenden Verkaufsumfeldes der Unternehmen und die größere Bedeutung von Marktnischen in der Gesamtstrategie machen größere Marketingstrukturen notwendig und eine bessere, detailliertere Planung. Der Verkauf erhält mehr und mehr Aufmerksamkeit in den Managementtheorien.	■ Postulat 1: Der Strategie soll genauso viel Bedeutung zukommen wie den Verkaufstechniken. ■ Postulat 2: Die Produktpositionierung soll wichtiger werden.
Frühe 90er Jahre bis ca. 2000: Phase des Partnerings	
Die Verkäufer werden dazu ermuntert, all ihr planerisches Verhalten und ihre Handlungen in den Zusammenhang mit ihren langfristigen und qualitativ hochwertigen, individuellen Kundenkontakten zu stellen. Die Generierung und Aggregation bestimmter Kundendaten aus CRM- und CIS-Systemen sorgt für mehr Transparenz.	■ Postulat 1: Im Sales-Prozess und in der gesamten Ausrichtung des Unternehmens soll der Kunde endgültig wichtiger sein als das Produkt. ■ Postulat 2: Der Schwerpunkt soll auf ein für den Kunden wertstiftendes Verhalten gelegt werden.
Ab ca. 2002: True Value Selling (?)	

Das Informationszeitalter hat den persönlichen Verkauf sehr beeinflusst. Verkaufsmitarbeiter und alle Personen am Frontend brauchen echte Beziehungskompetenzen, um damit einen verlässlichen Kanal zum Kunden zu haben, auf dem Vertrauen und die Akzeptanz von Informationsgehalten fließen kann.

Es zeigt sich mittlerweile deutlich, wobei die neueren Weisen zu kommunizieren sinnvoll sind und wo nicht, welche Inhalte dafür geeignet sind und welche nicht. Die Schnelligkeit der neueren Medien, die Möglichkeit, große Datenmengen zu transportieren – und das zu einem sehr günstigen Preis – sind sicher hervorstechende Merkmale. Möglichkeiten

Tab. 2.3 Übersicht zum Paradigmenwechsel in der Wertschöpfung

Industrieökonomie, ca. 1860–1960	Informationsökonomie, ca. 1960–2020 (?)
Die Unternehmen legen ihre Entwicklungsschwerpunkte auf die Produktion von Gütern und Dienstleistungen. Strategische Ressourcen sind vor allem Kapital und Rohstoffe. Die Geschäftstätigkeit wird definiert durch Produkte und Fabriken. Der Verkaufserfolg wird an der Erreichung bestimmter Sales-Quoten gemessen.	Die größten Veränderungen, bezogen auf Gesellschaften und ihre Ökonomien, geschehen im Bereich der Informationstechnologie. Information wird zur strategischen Ressource. Die Geschäftstätigkeit wird über Kundenbeziehungen definiert. Der Verkaufserfolg hängt davon ab, ob wirklich ein Nutzwert angeboten werden kann.

wie die des Video-Conferencing stellen echte ökonomische und ökologische Fortschritte dar.

Auf der anderen Seite ist sehr fraglich, ob diese Möglichkeiten für alle Anlässe gut geeignet sind. Bis eine Beziehung einigermaßen aufgebaut ist, bedarf es sicher einiger persönlicher Kontakte; ein Bildschirm liefert nun einmal nicht das ganze Ambiente und macht es unmöglich, bestimmte Dinge überhaupt wahrnehmen zu können. Kommunikation ist eben mehr als das, was ein Bildschirm transportieren kann, sie ereignet sich umfänglich eben nur im persönlichen Kontakt.

Kommunikationsmedien wie z. B. E-Mails bedingen auch, dass die meisten Mitarbeiter und Manager unter der schlichten Flut der Kommunikation leiden. Eine Mail ist schnell geschrieben (oft viel weniger sorgfältig, als man es bei einem Brief tun würde) und noch schneller verschickt. Daraus ergeben sich Probleme.

Das Hauptproblem ist, dass dadurch Aufmerksamkeit beansprucht wird. Und zwar für Dinge, die meist nicht wirklich bedeutsam sind. Dies ist ein allgemeines Thema, nicht nur im Unternehmenskontext. Es bewirkt, dass immer weniger Aufmerksamkeit für wirklich Wichtiges da ist. Verkäufer müssen sich mit diesem Thema beschäftigen, denn schließlich muss es ihnen ja gelingen, durch dieses Phänomen hindurchzudringen.

Auch in dieser Hinsicht ist es also bedeutsam, sein Angebot so zu gestalten, dass es überhaupt Wahrnehmung bekommt. Und dies geschieht umso eher, je deutlicher der wirkliche Nutzen nach vorne gestellt wird; nicht dadurch, dass irgendwie über Nutzen geredet wird, was ein großer Unterschied ist. TVS kann, das bestätigen viele Rückmeldungen aus Unternehmen, genau diese Wahrnehmung erzeugen.

1.2 Die Philosophie des True Value Selling

Wenn es heute um Kunden-Lieferantenbeziehungen geht, dann hat sich in den letzten Jahren die Lage in vielerlei Hinsicht geändert und erfordert dadurch neue Vorgehensweisen im Verkauf, aber auch in allen anderen Beziehungen, die Unternehmen miteinander eingehen.

Die meisten Business-to-Business-Märkte sind heute durch weitreichende Konzentrations- und Globalisierungstendenzen sowie durch eine zunehmend professioneller agierende Beschaffung auf Seiten großer Kunden gekennzeichnet. Für die Lieferanten sinkt damit gleichzeitig die Anzahl aktueller und potenzieller Großkunden, während sich die Komplexität der Organisations- und Arbeitssysteme für alle Spieler kontinuierlich erhöht.

Um ihre knappen Ressourcen effizient einzusetzen, fokussieren daher viele Lieferanten ihre Aktivitäten auf sog. „strategische Kunden", bei denen es sich immer häufiger um internationale Konzerne handelt. Im **TVS** geht es darum, dieser Ausrichtung eine erfolgversprechende Methodik zu geben. Es erweist sich nämlich, dass zwar eine Fokussierung auf strategische Kunden erwünscht ist, dass aber viele Unternehmen gar nicht in der Lage sind, diese Ausrichtung auch auf professionelle, also systematische und klare Weise durchzuführen. Ein wichtiger Baustein dafür kann TVS sein, denn hier geht es um das „Herz" der Kunden, und das schlägt für Wertschöpfung. Und es geht eben nicht nur um Analyse, sondern das praktische Tun.

Diese Global- oder Key-Accounts erwarten viel von ihren Lieferanten: sie fordern einen sehr hohen Leistungsstandard an Produkt- und Servicequalität, und das zu harmonisierten Preisen; sie erwarten eine Vorzugsbehandlung gegenüber anderen Kunden, eine meist weltweite (europaweite) Servicebereitschaft und nicht zuletzt nachvollziehbare Beiträge zur Wertsteigerung oder zur Senkung ihrer Kosten.

Wenn man sich die Lieferantenauswahlkriterien großer Unternehmen einmal ansieht, wird man feststellen, dass die Erwartungen anspruchsvoll und vielschichtig sind. Das Thema „Preis" ist dabei durchaus nicht das wichtigste Kriterium, sondern nur eines von vielen.

Das Unternehmen Bayer schreibt dazu: „Wie in der Lieferantenbewertung bilden die vier Kategorien Einkauf, Qualität, Logistik und Technologie den strukturellen Rahmen des Kriterienkatalogs. Geschäftsspezifische Kriterien werden für fünf Themenfelder ausgewählt. Dem K.o.-Kriterium, wie z. B. dem Verstoß gegen Responsible-Care-Vereinbarungen, kommt im Rahmen der Lieferantenauswahl eine besondere Bedeutung zu, um das Risiko für mögliche Minderleistung schon bei der Auswahl der Lieferanten zu minimieren. Grundsätzlich werden Lieferanten immer unter Total-Cost-of-Ownership-Gesichtspunkten ausgewählt" (internes Papier, das online nicht mehr zur Verfügung steht, aber im Besitz des Autors ist).

Und Siemens schreibt: „Wesentlich ist, wir orientieren unsere Entscheidung für einen Lieferanten an seinem spezifischen Leistungsvermögen und betrachten die Gesamtkosten der Lieferbeziehung. ... Die Bewertung erfolgt in den Kategorien Einkauf, Logistik, Qualität und Technologie. Jede Kategorie ist durch vier Kriterien beschrieben, die zum einen den aktuellen Leistungsstatus (z. B. aktuelle Logistikleistung) und zum anderen die zukünftige Leistungsfähigkeit (z. B. Gestaltung zukunftsgerichteter Logistiksysteme) bewerten. Dabei sind Kategorien und Kriterien so definiert, dass sie die Gesamtkosten der Supply Chain – das heißt die Total Cost of Ownership – beschreiben. ... Je nach Bewertungsergebnis werden die Lieferanten in vier Leistungsklassen zwischen „preferred" und „desourced" eingeordnet." (https://www.cee.siemens.com/web/austria/de/corporate/gpl/lieferantenportal/lieferantenmanagement/Pages/lieferantenbewertung.aspx)

Alle stellen den TCO-Gedanken und weitere Kriterien in den Vordergrund, nicht den Einkaufspreis. Weil sich aber für das Sales Frontend, bei den üblichen Ansätzen der Vertriebsarbeit, die Kontakte bei den Anwendern und mit den Einkäufern abspielen, entsteht natürlich der Eindruck, mit den Technikern/Anwendern verstehe man sich gut, aber sonst ginge es immer nur um den Preis. Warum wechseln Sie dann nicht das Spielfeld, erweitern es? Die Einkaufsabteilungen leben ja oft von den Preisreduzierungen, die sie schaffen herauszuholen.

Das KAM und GAM der meisten Lieferanten sieht sich in Folge dieser Entwicklung ganz neuen Herausforderungen gegenüber. Diese Herausforderungen betreffen die eigenen Qualitätsstandards, Leistungsstandards, die fachlich-persönliche Leistungsfähigkeit der Mitarbeiter und des gesamten Managements sowie die Vereinbarkeit unterschiedlicher Unternehmenskulturen. Betrachtet man solche Lieferantenauswahlkriterienkataloge, dann kann man eigentlich die Vorstellung, es ginge bei der Beschaffung nur um den Preis, nicht mehr aufrechterhalten.

Das Themenstellung in der Beschaffung lautet vielmehr, diejenigen Lieferanten zu finden und für sich zu gewinnen (z. B. für strategische Partnerschaften), die auf lange Sicht gesehen in der Lage sind, den größten Nutzen innerhalb der eigenen Wertschöpfungssysteme herzustellen.

TVS lässt sich genau in diesem Sinne als Analytik der Wertschöpfungsprozesse von strategisch wichtigen Kunden verstehen. Es kann sowohl für das Unternehmen als solches als auch im einzelnen Projekt die Zusammenhänge der Wertschöpfung für den Kunden und den Lieferantenbeitrag dazu aufzeigen. In diesem Sinne erfüllt es die hohen Erwartungen vieler Unternehmen nach einer Klarheit hinsichtlich des Wertbeitrages, der schließlich das Fundament für den TCO-Ansatz darstellt.

1.2.1 Das veränderte Beschaffungsverhalten von Großkunden

Global bzw. europaweit tätige Unternehmen haben ihre Beschaffung erheblich professionalisiert, indem sie die Qualifikation der Einkaufsentscheider erhöht und deren Kompetenzen erweitert haben. Sie haben sich zudem vielfach sehr strategisch aufgestellt und z. B. umfassende Lieferantenbewertungskriterien eingeführt. Zudem veränderten vielfältige Managementkonzepte den Einkauf. Parallel mit der Professionalisierung ging in vielen Branchen eine Internationalisierung der Beschaffung einher, die sich mit dem Begriff „Global Supply Management" kennzeichnen lässt. Sie hat dazu geführt, dass das Einkaufsmanagement global tätiger Unternehmen strategische Güter (A-, B-Artikel) häufig zentral beschafft, während weniger bedeutende Teile (C-Artikel) dezentral beschafft werden oder die entsprechende Beschaffungsfunktion sogar weitgehend an Lieferanten ausgelagert wird. Diese Aufstellung, die eine größere strategische Orientierung aufweist, hat natürlich erhebliche Konsequenzen für die Lieferanten. Diese haben sich zwar mit diesen Erscheinungen konfrontiert gesehen und kennen sie im Grunde genommen aus dem eigenen Haus, da, wo sie als einkaufendes Unternehmen auftreten, haben aber auf der vertrieblichen Seite kaum darauf reagiert und ihre Absatzfunktionen, vor allem den Verkauf, angepasst.

Eine der angesprochenen Konsequenzen ist z. B. die, dass durch diese Professionalisierung und Internationalisierung der Beschaffung international tätige Unternehmen zwischenzeitlich mit viel weniger Lieferanten auskommen als noch vor einigen Jahren. Den Ergebnissen einer diesbezüglichen Umfrage zufolge sehen sich 73 % der Lieferanten mit einer drastischen Lieferantenselektion durch ihre bestehenden oder potenziellen Großkunden konfrontiert.

Die Einkaufsabteilungen der Unternehmen sehen sich derselben Komplexität und Dynamik gegenüber, die letztlich in allen Unternehmensbereichen zu beobachten ist. Konkret bedeutet dies, dass für den Facheinkäufer eine stetig steigende Anzahl von Geschäftsprozessen mit Lieferanten abzubilden ist. Ein aktives und professionelles Managen aller Lieferbeziehungen ist daher häufig nicht mehr möglich. Selbst eine Konzentration im Tagesgeschäft auf die strategisch wichtigen Lieferanten wird immer schwieriger. Die Komplexität aus der zunehmend breiteren Lieferantenbasis setzt sich in vielen Kernbereichen des Unternehmens, wie z. B. Entwicklung, Qualität, Logistik, IT und Finanzen, fort und kreiert dort immer wieder auch Probleme.

So ist die Zielsetzung in Projekten zur Effizienzsteigerung im Einkauf oft darauf ausgerichtet, die Anzahl der Produktions- und Nichtproduktionsmaterial-Lieferanten zu reduzieren. Dadurch können im Ergebnis Prozesskosten gespart und Bündelungseffekte realisiert werden. Außerdem ist eine weitere Stoßrichtung die, dass durch diese Reduzierung der Spieler eine wirksame Konkurrenzierung der Lieferanten in den verschiedenen Materialgruppen nicht gefährdet werden soll, um darüber mögliche Kostensenkungspotenziale zu erhalten.

Typische Zielstellungen auf der Einkaufsseite können bei solchen Effizienzprojekten sein:

- Bündelung von Einkaufsvolumina
- Formulierung von Modul- und Plattformstrategien
- Definition von Vorzugslieferanten
- Aufbau kaskadierender Zulieferstrukturen und Übertragung der Steuerung von Tier-2 und 3 Lieferanten an die Tier-1 Lieferanten (Lieferantenpyramide)
- Durchführung von Lieferanten-Workshops zur Klärung der gemeinsamen Arbeitsbedingungen und Identifikation gemeinsamer Potenziale
- Initiierung einer gezielten Beschaffungsmarktforschung

Mit der gezielten Reduzierung der Lieferantenanzahl können u. a. folgende Effekte auf der Beschaffungsseite realisiert werden:

- Einsparungen durch Bedarfsbündelung (aus einem Beispielprojekt: 7,5 % der Beschaffungskosten)
- Reduzierung der internen Prozesskosten durch eine reduzierte Anzahl von Lieferantenvorgängen jeder Art: Disposition, Grunddatenpflege, Wareneingänge, Claim Management, Eingangsrechnungsprüfung etc. (hier ca. 12 % der Beschaffungsnebenkosten)

- Reduzierung der internen Prozesskosten durch eine geringere Anzahl cross-funktionaler Vorgänge (z. B. weniger Lieferantenbesuche/-audits, Bemusterungen, Ausgestaltung von Rahmenverträgen)
- Sicherstellung der Implementierung von Material- und Lieferantenstrategien
- Aufbau von strategischen Lieferantenpartnerschaften
- Wirksame Konkurrenzierung von Lieferanten in Ausschreibungsverfahren
- Fokussierung der Facheinkäuferressourcen auf die strategischen Lieferanten mit hohem Ergebnisbeitrag

Hintergrundinformationen
In diesem Projekt lag das Beschaffungsvolumen bei ca. 520 Mio. Euro (Maschinen- und Anlagenbauer).

Dies sind natürliche attraktive Verbesserungsmöglichkeiten für jedes Unternehmen, und je höher die Beschaffungsaufwendungen sind, desto interessanter sind sie.

Hintergrundinformationen
Die Dynamik, innerhalb derer sich erfolgreiche Unternehmen heute bewegen müssen, wird gut an folgendem Beispiel sichtbar. Am 13.09.2012 war im Handelsblatt zu lesen: „**ZF fordert Preisnachlässe von Lieferanten**: Der Autozulieferer ZF will seine Materialkosten um 500 Millionen Euro reduzieren. Das geht zulasten der ZF-Lieferanten, die ihre Preise reduzieren sollen. Besonders für kleine Firmen könnte das ein Problem werden.

Der Kostendruck in der Automobilzulieferindustrie verschärft sich: Der Zulieferer ZF Friedrichshafen will die Zahl seiner Lieferanten in den kommenden beiden Jahren kräftig reduzieren und verlangt von den eigenen Zulieferern ‚spürbare‘ Preisnachlässe. ZF wolle die Materialkosten bis Ende 2014 um 500 Millionen Euro senken, teilte der im Stiftungsbesitz befindliche Konzern am Donnerstag in Friedrichshafen mit. ZF kauft derzeit jährlich Produktions- und Verbrauchsmaterial für rund zehn Milliarden Euro ein. Die Automobilhersteller verlangen von ZF ihrerseits Mengenrabatte, da sie immer größere Stückzahlen an Getrieben, Achsen und Lenkungen abnehmen.“

General Motors reduzierte die Anzahl seiner Lieferanten innerhalb der letzten zwei Jahrzehnte um 45 %, DEC um 70 %, Motorola, Xerox und die Barcleys Bank um je 90 %. Die Ansprüche an die verbliebenen Schlüssellieferanten sind daher hoch und vielschichtig. Es leuchtet ein, dass diejenigen Lieferanten, die sich um eine Zusammenarbeit mit solchen Auftraggebern bemühen, mit besonderen strategischen Orientierungen, Einstellungen und Werkzeugen ausgerüstet sein müssen, um hier erfolgreich agieren zu können. Solch eine Zusammenarbeit muss, wenn sie langfristig erfolgreich sein soll, auf eine gegenseitige Wertstiftung angelegt sein, wie sie in **TVS** gezeigt wird.

Die meisten einkaufenden Unternehmen sehen in der Leistungsqualität das bedeutendste Auswahlkriterium der Schlüssellieferanten-Selektion (vor allem auch bei After Sales Service). Dann folgen i. d. R. Kostenersparnis, Flexibilität, Einkaufspreis und Verfügbarkeit. Bei der Kostenersparnis und dem Thema Einkaufspreis muss zum besseren Verständnis noch hinzugefügt werden, dass die meisten Unternehmen hier den TCO bewerten.

Der Einkaufspreis ist also wichtig, er ist aber weder das einzige noch das wichtigste Kriterium bei der Lieferantenauswahl. Die Verkaufsführung kann diese Tatsache eigentlich nicht genug betonen und sollte damit dem Mythos, *es ginge allein um den Preis,* entgegenwirken. Wenn zu wenige Ausschreibungen gewonnen werden, so liegt dies meist nicht am Preis.

1.2.1.1 Beispiel für eine Prozess- und Kriterienbeschreibung im Einkauf

Hier ein Beispiel der Prozess- und Kriterienbeschreibung zur Lieferantenauswahl beim Unternehmen Bayer Chemie:

Wie werden Lieferanten ausgewählt?

Der Auswahlprozess umfasst in Abhängigkeit der zu liefernden Produkte folgende Prozessschritte in unterschiedlicher Intensität:

1. Bedarfsanalyse Im ersten Schritt der Auswahl wird der Bedarf genau konkretisiert. Bei strategischen Investitionen wird eine frühzeitige Einbindung des Lieferanten angestrebt, um von Anfang an einen effizienten Know-how-Fluss zu gewährleisten. In den Prozess werden Experten aus allen beschaffungsrelevanten Bereichen eingebunden.

2. Marktanalyse Um den optimalen Leistungspartner auszuwählen, greift Bayer auf sein weltweites Einkaufsnetzwerk zurück. Materialexperten verfolgen aktuelle Trends am Beschaffungsmarkt und tauschen die Informationen regelmäßig aus. Sourcing Teams analysieren über Konzern-Gesellschaftsgrenzen hinaus die Märkte und filtern die besten Angebote heraus. Aus dem Ergebnis der Marktanalyse resultiert die Liste möglicher Lieferanten (Long-List).

3. Lieferantenvorauswahl Mit Hilfe systematischer Kriterien schränkt die Vorauswahl den Pool potenzieller Lieferanten weiter ein. Dabei erstellen wir für alle Lieferanten Stärken- und Schwächeprofile. Die Auswertung erfolgt nötigenfalls unter Einbindung anderer Funktionen (z. B. Qualität oder Technik). Bewertungen bestehender Lieferbeziehungen können aus einem zentralen Tool hinzugezogen, und der jeweilige Ansprechpartner im Konzern leicht identifiziert werden.

Je nach Bedeutung des Materials und Dauer der angestrebten Lieferbeziehung wählen wir mögliche Partner für Audits aus.

4. Lieferantenqualifizierung Die Lieferantenqualifizierung betrifft nur einige wenige Lieferanten. Die hierbei erforderliche Kooperationsbereitschaft der Lieferanten ist in jedem Fall ein zentraler Punkt in der Gesamtbewertung des Lieferanten. Auditoren aus Einkauf, Qualität und anderen Funktionen bewerten den Lieferanten gegebenenfalls vor Ort. Der Umfang der Qualifizierung ist stark abhängig vom Material und dem Endprodukt bei Bayer.

Je nach Bedeutung des Materials und Dauer der angestrebten Lieferbeziehung wählen wir mögliche Partner für Audits aus.

5. Anfrage/Angebot Die vorausgewählten und qualifizierten Lieferanten erhalten Angebotseinladungen, die nach vorab definierten Kriterien nachvollziehbar von den jeweiligen Experten ausgewertet werden. Die Gründe für eine Ablehnung oder Empfehlung eines Lieferanten werden gesammelt und aufbereitet. Als Ergebnis dieses Schrittes entsteht eine Liste der Verhandlungspartner.

6. Verhandlung Basierend auf den abgegeben Angeboten wird unter Total-Cost-of-Ownership-Gesichtspunkten verhandelt. Der endgültige Zuschlag erfolgt nach Abschluss der Verhandlungsaktivitäten.

Nach welchen Kriterien wählen wir aus? Wie in der Lieferantenbewertung bilden die vier Kategorien Einkauf, Qualität, Logistik und Technologie den strukturellen Rahmen des Kriterienkatalogs. Geschäftsspezifische Kriterien werden für fünf Themenfelder ausgewählt. Dem K.o.-Kriterium, wie z. B. einem Verstoß gegen Responsible-Care-Vereinbarungen, kommt im Rahmen der Lieferantenauswahl eine besondere Bedeutung zu, um das Risiko für mögliche Minderleistung schon bei der Auswahl der Lieferanten zu minimieren. Grundsätzlich werden Lieferanten immer unter Total-Cost-of-Ownership-Gesichtspunkten ausgewählt.

Literatur

Davis, S., und C. Meyer. 1998. *Blur: The Speed of Change in the Connected Economy*, 21. New York: Grand Central Publishing.

Homburg, und Krohmer. 2003. *Marketingmanagement: Strategie – Instrumente – Umsetzung – Unternehmensführung*. Wiesbaden: Gabler Verlag.

Joyce, W., und N. Nohria. 2004. *What Really Works*. New York: Harper Business Reprint Edition.

Naisbitt, J. 1982. *Megatrends. Ten New Directions Transforming Our Lives*. New York: Warner Books.

PWC 2013. *Serviceinnovation: Wachstumsmotor und Ertragsmaschine*. Frankfurt: Eigenverlag.

Reese, M. 2004. *Bundesweite Befragung von Vertriebsleitern in Zusammenarbeit mit der Ruhr-Universität Bochum, Lehrstuhl für angewandte Betriebswirtschaftslehre*. Bochum: Eigenverlag E-Dokument.

Verkauf über Wertstiftung

Inhaltsverzeichnis

The customer never buys a product. By definition the customer buys the satisfaction of a want. He buys value (Peter Drucker).

1 Einleitung: Systematisches Vorgehen bei der Akquisition von Großkunden

Wissen für Key-Account-Manager und Global-Account-Manager Jeder Käufer eines Autos möchte sicher sein, dass alle seine Teile nach den Regeln höchster Ingenieurskunst entwickelt, hergestellt und geprüft wurden; sonst würden wir uns wahrscheinlich nicht in so ein Ding setzen und losfahren.

B. Kaschek, *True Value Selling*, DOI 10.1007/978-3-658-03821-2_3,
© Springer Fachmedien Wiesbaden 2014

Jeder akzeptiert wahrscheinlich sofort, dass all dieses Wissen für die Konstruktion eines in sich so komplexen Systems wie eines Automobils planmäßig und systematisch erworben und angewendet werden muss. Und: es muss verlässlich wiederholbar sein.

Wo kämen wir hin, wenn sich die Ingenieure bei jeder neuen Bestellung auch erneut Gedanken darüber machen müssten, wie man dieses Ding auf vier Rädern überhaupt konstruiert? Oder wenn die Monteure am Band jedes Mal überrascht wären, was für Teile da auf sie zukommen, und sich fragten, wo die wohl hingehörten?

Was aber jedem beim Auto sofort einleuchtet und dort als Regelfall vorausgesetzt wird, für den es sogar aufs genaueste entwickelte Normen gibt, das erweist sich im Vertrieb als absolute Ausnahme.

Und das leuchtet vielen Verkaufsexperten wiederum kaum ein. Der Verkauf ist einerseits das wichtigste und teuerste Instrument im Marketing- und Vertriebsmanagement. Er sorgt u. a. dafür, dass neue Produkte eingeführt werden können, dass möglichst gute Preise erzielt werden, dass Absatzschwerpunkte gesetzt und Strategien umgesetzt werden können. Andererseits gibt es kaum einen Funktionsbereich in den Unternehmen, der weniger systematisch und weniger analytisch vorgeht.

Ehrlich gesagt scheint systematisches und planmäßiges Vorgehen dort oft sogar verpönt zu sein. Viele Verkaufsorganisationen ähneln eher einer Individualistenkolonie als einer Spezialistengruppe, die unter oft schwierigsten Umständen dafür sorgen soll, dass die Produkte des Unternehmens auf den Markt kommen, um so seinen Fortbestand und sein Wachstum zu sichern. Vom Sparen ist schließlich noch kein Unternehmen gewachsen; es gedeiht, weil es einen Vertrieb gibt. Und je besser der ist, desto mehr gedeiht das Unternehmen – eine ganz einfache Rechnung.

Nur: Warum gibt es so wenig Systematik und Methodenkompetenz im Vertrieb? Gehört das nicht dazu, wenn man die anstehenden Geschäftsprozesse auf hohem Niveau erledigen will? Was genau ist ein leistungsfähiger Vertrieb?

Dazu lassen Sie uns zunächst einmal in das Arbeitsumfeld des Verkaufs schauen.

Zu den Bedingungen und den daraus sich ergebenden Fragestellungen für den Verkauf gehören u. a.:

- **Die Marktbedingungen:** Je nach Branche sind diese natürlich sehr unterschiedlich. So gibt es z. B. gesättigte oder wachsende, sogar boomende Märkte. Welche Wettbewerbsintensität gibt es? Welche konkurrierenden Geschäftsmodelle sind im Anbieter- und Kundenmarkt vorhanden? Welche Ansprüche haben die Kunden? Welche Formen der Zusammenarbeit existieren mit Partnern? Welche Krisen gibt es? Wie nehmen die politischen Rahmenbedingungen Einfluss auf den Markt? …
- **Die Kundenstrategien im Einkauf:** Betreibt der Kunde bspw. *Global Sourcing*? Bemüht er sich um eine Lieferantenreduktion? Betreibt er *Modular Sourcing*? Wie ist der Preisdruck in seiner Branche? Sind die Lieferantenauswahlkriterien bekannt? Ist der Kunde für strategische Partnerschaften offen? …

- **Die Kundenstrategien zum Wachstum:** Wie will der Kunde sein angestrebtes Wachstum erzielen? Welche Strategien verfolgt er dabei? Wie sehen seine Wertschöpfungsprozesse aus? Welchen Wertbeitrag kann der Lieferant dazu leisten?
- **Kontaktfrequenzen:** Geht es auf diesem Markt mit „One-Minute-Selling" weiter? Oder muss eher eine umfassende, auf Langfristigkeit angelegte Anbahnung und Kundenbetreuung angewandt werden?
- **Internationalität:** Hat der Kunde eine zentrale oder dezentrale Unternehmensphilosophie? Gibt es eher regionale, nationale, internationale oder globale Schwerpunkte? Wie arbeiten Niederlassungen und Zentrale überhaupt zusammen? Welchen Einfluss hat das auf die Vertriebsstrukturen des Lieferanten? Werden die Strategien von international agierenden Einheiten umgesetzt? In welchen Ländern ist der Kunde überhaupt vertreten?
- **Ansprechpartner:** Wer sind die richtigen Ansprechpartner? Wer muss als Ansprechpartner weiter aufgebaut werden? Wer sind die Entscheider? Wie gelingt überhaupt eine wirksame Ansprache bei doch so unterschiedlichen Menschen und Managementfunktionen und ihren unterschiedlichen Erwartungen? Wie funktioniert gelingende Kommunikation?

Dies sind natürlich längst nicht alle Faktoren, die die Arbeit des Verkaufs bestimmen. Aber schon aus dieser kleinen Auswahl wird deutlich, dass es sich um ein sehr komplexes Feld handelt, das beherrscht und bespielt sein will. Wie soll das ohne entsprechende Systeme, Methoden und Tools überhaupt gehen, die dazu beitragen, die bestehende Komplexität und Intensität der Aufgaben überhaupt managebar zu machen?

Bei diesem „Managen von Komplexität" geht es am Ende auch nicht darum, der Sache „irgendwie Herr zu werden", sondern das Management von Kundenbeziehungen verfolgt ja einen ganz besonderen Zweck, nämlich den der **wertstiftenden Positionierung**. Ein Lieferantenunternehmen tut all diese Dinge am Ende doch deshalb, weil über die Beherrschung dieser Herausforderungen, in einem zudem hoch konkurrenzierten Umfeld in den meisten Branchen, überhaupt Erfolg erst möglich ist, erfolgreicher Verkauf.

Wir sprechen hier von erfolgreichem Verkauf im B2B-Bereich. In den B2C-Beziehungen sind die Spielregeln ein wenig anders, wenn auch vom Grundsatz meist sehr ähnlich. Beim Verkauf von Produkten und Services in B2B kommt es immer darauf an, das eigene Nutzenversprechen bestmöglich zu platzieren. **Kein Kunde kauft nur eine Maschine, Transportdienstleistungen oder ein IT-System. Er kauft sich letztlich Wettbewerbsvorsprung vor den Konkurrenten in seinem Markt. Ein wirklich wertstiftender Verkauf muss also über die gesamte Wertschöpfungskette seiner Kunden informiert sein, diese bei seinem Angebot berücksichtigen und die Kundenanforderungen entsprechend bedienen.** Und dafür braucht es sinnvolle Werkzeuge im Verkauf, die es bislang nicht gibt. **TVS** schließt diese Lücke.

1.1   Der Wertschöpfung auf der Spur: Der PIMS-Ansatz

Ein guter Einstieg, sich überhaupt mit dem Thema der Wertschöpfung in Unternehmen zu befassen, ist der sog. „PIMS-Ansatz".

Hintergrundinformationen
PIMS = Profit Impact of Market Strategies. Dt.: Gewinnauswirkung von Marktstrategien.

Obwohl die Bedeutung des strategischen Managements und des strategischen Vertriebs als dessen wichtigstem Bestandteil wohl unbestritten sind, gibt es leider kaum aussagekräftige, empirische Studien in diesen Bereichen. Als eine der wenigen positiven Ausnahmen möchte ich hier das PIMS-Programm erwähnen. **TVS** und der PIMS-Ansatz haben insofern etwas miteinander zu tun, als es bei beiden um die Frage nach der Unternehmenswertschöpfung geht. PIMS schaut dabei sehr auf das eigene Unternehmen und orientiert sich vor allem am eigenen ROI als Kennzahl, während **TVS** auf die Beziehung zwischen Lieferant und Kunde fokussiert sowie den gegenseitigen Nutzen als ROI, EVA, EBIT etc. **TVS** ist ein offenes System, in dem jede ökonomische Kennzahl untersucht werden kann; darüber hinaus ist es für alle Branchen geeignet.

Hintergrundinformationen
Initiiert wurde das PIMS-Projekt 1960 von General Electric als interne empirische Studie mit dem Ziel, die unterschiedlichen strategischen Geschäftseinheiten (SGEs) vergleichbar zu machen. Da General Electric zur damaligen Zeit sehr stark diversifiziert war, suchte man nach Schlüsselfaktoren, die produktunabhängig auf den wirtschaftlichen Erfolg wirkten; als Maßeinheit benutzte man insbesondere den Return on Investment (ROI) (also den Gewinn pro Einheit gebundenes Kapital). 1972 wurde das Projekt an die Harvard Business School übertragen, die es auf weitere Unternehmen ausgedehnt hat. 1976 übernahm das American Strategic Planning Institute in Cambridge (Massachusetts) die Obhut über das Projekt. Zwischen 1970 und 1983 nahmen etwa 3000 Strategische Geschäftseinheiten (SGEs) aus ca. 200 Unternehmen an den Befragungen teil und lieferten Kennzahlen für das Projekt. (nach Wikipedia: http://de.wikipedia.org/wiki/PIMS-Konzept)

Das PIMS-Programm stellt vor allem den Zusammenhang zwischen dem Unternehmenserfolg, dem Markt- und Wettbewerbsumfeld sowie anderen organisationalen Einflussfaktoren dar. Insofern liefert es wichtige Hinweise auf die Gesetzmäßigkeiten unternehmerischen Erfolges. Bei PIMS wird die Beziehung zwischen bestimmten strategischen Variablen eines Unternehmens (bzw. einer strategischen Geschäftseinheit) und der Realisierung von Unternehmenszielen anhand von statistischen Gesetzmäßigkeiten (Input-/Output-Beziehungen) zwischen diesen Faktoren aufgezeigt.

Das PIMS-Erklärungsmodell sieht, kurz gesagt, so aus:

- Es gibt etwa 30 Kernerfolgsfaktoren, die entscheidend für die Resultate einer Geschäftseinheit/eines Unternehmens sind.
- Bei gleicher Konfiguration der Kernerfolgsfaktoren zweier strategischer Geschäftseinheiten (SGEs) gleichen sich auch deren Ergebnisse, und zwar unabhängig davon, welche Art von Produkten die Einheiten herstellen.

- Die Einflüsse der Kernerfolgsfaktoren unterscheiden sich in ihrer Zusammenwirkung auf die Erfolgsgröße.
- Die PIMS-Methodik deckt Gesetzmäßigkeiten des Marktes auf, die nicht nur innerhalb eines bestimmten Industriezweiges gelten, sondern sektorübergreifende Gültigkeit haben.

PIMS kann damit auf folgende Fragen ziemlich genaue Antworten liefern:

- Welche strategischen Faktoren erklären die Unterschiede in der Rentabilität zwischen den betrachteten strategischen Geschäftseinheiten?
- Welche Rentabilität kann realistischerweise für die untersuchte strategische Geschäftseinheit erwartet werden?
- Welche Reaktion zeigt die Rentabilität auf die Änderungen von Strategien bzw. Marktbedingungen?
- Wie können sinnvolle Geschäftsziele anhand der Erfahrungen anderer strategischer Geschäftseinheiten bestimmt werden?

Diese strategischen Erfolgsfaktoren erklären nach eigener Aussage von PIMS ca. 70–80 % der Unterschiede des Geschäftserfolges zweier SGEs. Hinzu kommen aber noch andere Faktoren, die mit der Organisationsgestaltung, mit Human-Resources-Systemen, dem Management als solchem, der Unternehmenskultur und der Mitarbeiterentwicklung zu tun haben. Es gibt einfach viele Unbekannte.

Eine Kennzahl ist in PIMS wichtig, die auch für **TVS** von besonderer Bedeutung ist (s. Teil III. Methodik), nämlich der ROI.

Hintergrundinformationen
ROI = Return on Investment. Der ROI ist eine Kennzahl bzw. ein Modell zur Messung der Rendite einer unternehmerischen Tätigkeit, gemessen am Gewinn im Verhältnis zum eingesetzten Kapital.

1.1.1   Die 5 Schlüsselfaktoren des ROI nach PIMS

Um den Geschäftserfolg einerseits zu messen und andererseits zu planen, ist die Orientierung an bestimmten Kennzahlen unerlässlich. Diese Kennzahlen, an denen sich nicht nur das Lieferanten-, sondern auch das Kundenunternehmen orientieren, in die Vertriebsarbeit zu integrieren, ist die strategische Stoßrichtung von **TVS**.

Die fünf wichtigsten strategischen Bestimmungsfaktoren für den Geschäftserfolg (gemessen dann als ROI) sind:

1. **Marktattraktivität**
   a) Marktwachstum
   b) Position im Produktlebenszyklus
2. **Relative Wettbewerbsposition**
   a) absoluter Marktanteil
   b) relativer Marktanteil (im Vergleich zu den drei größten Wettbewerbern)

    c) relative Produktqualität

    d) relative Kosten

3. Investition

    a) Kapitalintensität

    b) Wertschöpfungstiefe

    c) Arbeitsproduktivität

    d) Kapitalausnutzungsgrad

4. Kosten

    a) Marketingaufwand (bezogen auf den Umsatz)

    b) Forschungs-/Entwicklungsaufwand (bezogen auf den Umsatz)

5. Veränderung von Schlüsselfaktoren

    a) Marktanteilsänderungen

    b) Produktqualitätsänderungen

Betrachten wir beispielhaft einige der erfolgsrelevanten Faktoren näher. Die folgenden drei Kennzahlen (-bereiche) korrelieren besonders stark mit den Erfolgsgrößen ROI bzw. ROS:

Hintergrundinformationen
RoS = Return on Sales

Die Investitionsintensität korreliert negativ (sie erklärt ca. 15 %) Dies hat zum einen den formal-analytischen Grund, dass mit steigender Investitionsintensität, also dem Investitionsvolumen bezogen auf den Umsatz, auch das Abschreibungsvolumen, bezogen auf den Umsatz, die Abschreibungsintensität, zunimmt und somit der Gewinn sinkt. *(Dies kann z. B. schon ein wichtiger Hinweis sein für Unternehmen/Verkäufer etwa im Maschinenbau, hier nach Lösungen zu suchen, die z. B. bestimmte Leasing-, Finanzierungs- oder Rücknahmeangebote beinhalten.)*

Hintergrundinformationen
Daten aus dem PIMS-Programm

Zum anderen nimmt bei hoher Investitionsintensität das Anlagevermögen zu und es entsteht der Drang, diese Kapazitäten auch zu nutzen, also die Ausbringungsmenge zu erhöhen, damit unter Umständen die Preise zu senken und damit die Gewinnspanne. *(Dies kann auch ein wichtiger Hinweis sein für Verkäufer im Maschinenbau, hier nach Lösungen zu suchen, die z. B. den Verkauf des Kunden besser befähigen, die hergestellten Produkte zu den notwendigen Preisen auch zu verkaufen, anstatt über das Herunterhandeln des Maschinenpreises eine ohnehin nur marginale Kompensation solcher vielleicht zu erwartender Verkaufseinbrüche zu realisieren. In der Regel finden aber ohnehin Investitionen in bessere Maschinen mit höherer Ausbringungsmenge deswegen statt, weil ein Markt für die Produkte da ist.)*

Relativer Marktanteil korreliert positiv (er erklärt ca. 12 %) Der Hauptgrund für den positiven Einfluss des relativen Marktanteils sind die Skaleneffekte. Je höher der Marktanteil, desto größer ist die Produktionsmenge und desto geringer sind die Stückkosten.

Außerdem steigt mit wachsendem Marktanteil die Macht gegenüber den Lieferanten, wodurch bessere Konditionen erzielt werden können. *(Auch dies kann ein wichtiger Hinweis sein für Verkäufer z. B. im Maschinenbau. Erhöht sich die Ausbringungsmenge einer Anlage deutlich im Vergleich zu vorher, so ergeben sich über den Absatz meist hervorragende Möglichkeiten für den Kunden. Es passiert im Maschinen- und Anlagenbau immer wieder, dass sich selbst hohe Investitionen über die zusätzlichen Verkaufsvolumina innerhalb von 10– 16 Monaten rechnen. Viele Kunden kaufen damit eigentlich „Gelddruckmaschinen". Sie verhandeln aber erbittert um einen Nachlass beim Kaufpreis von ein paar Prozent, die ihnen eigentlich nichts bringen, den Lieferanten aber oft bis über die Schmerzgrenze hinaus belasten, da bei ihm alle Preisnachlässe direkt auf den Gewinn/Projekt durchschlagen.)*

Relative Produktqualität korreliert positiv (sie erklärt ca. 10 %) Wichtige Gründe für die positive Korrelation sind vor allem höhere erzielbare Preise bei Premiumprodukten, aber auch die höhere Kaufbereitschaft von Nachfragern bei qualitativ hochwertigen Leistungen, sodass die Verkaufsmenge steigt und damit den Marktanteil positiv beeinflusst (s. o.). *(Auch dies kann wieder ein wichtiger Hinweis sein für Verkäufer z. B. im Maschinenbau. Erhöht sich die Qualität der ausgebrachten Teile einer Anlage deutlich im Vergleich zu vorher, so ergeben sich über den Absatz dieser höheren Qualität auch höhere Verkaufspreise. Dies zu wissen und argumentieren zu können, vielleicht sogar beziffern zu können, ist wichtig, wenn man die eigenen Preise schützen will.)*

Ein weiterer Grund für den o. g. Faktor sind die geringeren Reklamations- bzw. Ausschusskosten.

Hintergrundinformationen
Es soll nicht verschwiegen werden, dass es durchaus ernst zu nehmende Kritik an dem PIMS-Modell gibt. Dabei lassen sich drei Hauptaspekte benennen: Kritik an der Datengrundlage, wie z. B. die subjektive Bewertung einzelner Variablen (z. B. relative Produktqualität), Kritik an der Untersuchungsmethodik, wie z. B. der Rückschluss auf kausale Beziehungen aus Korrelationen (Problematik der Scheinkorrelationen) und die Kritik an den Strategieempfehlungen (inhaltliche Kritik), wie z. B. die einseitige Orientierung am Return on Investment als Erfolgsgröße. Dennoch, das PIMS-Modell liefert gute Orientierungen, wenn es auch – in Hinblick auf die genannten Kritikpunkte – mit Vorsicht und Sachverstand betrachtet werden muss.

1.1.2   Fazit
Die Welt hat sich für die meisten Unternehmen seit den frühen 1990er Jahren stark gewandelt und alle Konsequenzen dieses unter dem Begriff der „Globalität" zusammenfassbaren Wandels, lassen sich noch nicht wirklich umfassend verstehen geschweige denn steuern. Der berechtigte Wunsch nach Managebarkeit dieser Veränderungen stellt Unternehmen, Organisationen und ganze Staaten vor Herausforderungen, die so anspruchsvoll sind, dass es in allen Bereichen geeigneter Zugänge und Instrumente bedarf, die dieser Komplexität

und Dynamik Rechnung tragen. Wir müssen zuerst verstehen, bevor wir steuern, eingreifen, managen können.

Hintergrundinformationen

Ein kleines Gleichnis zum Unterschied zwischen Effizienz und Effektivität, das das Primat des Verstehens unterstreichen soll, bevor gehandelt wird: Eine Gruppe Menschen befindet sich im Dschungel und kommt nicht wirklich weiter. Die Effizienten sind nun die, die ihre Macheten schärfen, Vorgehensweisen festlegen, Trainingsprogramme für Machetenschwingen besuchen, technologische Verbesserungen einführen und Arbeitspläne aufstellen. Das bezeichnet man gerne als „die Dinge richtig tun". Der Effektive hingegen klettert auf einen Baum, beobachtet die ganze Situation von oben und ruft: „Wir sind im falschen Dschungel!" Das bezeichnet man gerne als „die richtigen Dinge tun".

So haben die Professionalisierung und Internationalisierung der Beschaffungsseite z. B. dazu geführt, dass national und international tätige Unternehmen innerhalb der letzten 15 bis 20 Jahre mit viel weniger Lieferanten zusammenarbeiten als zuvor. Dafür wählen sie sie besser aus, und zwar nach viel strategischer orientierten Kriterien als bisher (s. Teil 1). Viele Unternehmen haben sogar umfassende Lieferantenbewertungskriterien dafür entwickelt. Es ist wichtig, diese zu kennen und seinen Vertrieb, ja, das ganze Unternehmen darauf hin auszurichten, damit hier Passung entsteht; nichts anderes bedeutet der Begriff „Kundenorientierung".

Hintergrundinformationen

Einer Umfrage zufolge sehen sich 73 % der Lieferanten mit einer drastischen Lieferantenselektion durch Global Accounts konfrontiert. So reduzierte beispielsweise General Motors die Anzahl seiner Lieferanten innerhalb der letzten zwei Jahrzehnte um 45 %, DEC um 70 %, Motorola, Xerox und die Barcleys Bank um je 90 %. Die Abnehmerseite stellt sich also immer strategischer auf. Wie sieht es aber auf der Lieferantenseite aus? Inwieweit sind Lieferanten bereit und in der Lage, mit geeigneten Methoden und entsprechend früh strategische Entwicklungen in ihren Abnehmermärkten mitzugehen?

Die Unbekannten im globalisierten Wirtschaftsgeschehen haben zugenommen, ebenso wie die Dynamik der Veränderungen, die geeignete Anpassungen notwendig machen. Daher ist eine entschiedene Neuorientierung der Unternehmen zu mehr und besserer Strategie immer notwendiger. Die Erfahrung aus vielen Strategieprojekten zeigt, dass es hier über alle Branchen gesehen noch viele Verbesserungspotenziale gibt. Bezogen auf die strategische Kultur vieler Unternehmen und Management-Boards kann man sagen, dass kaum ein Thema so schwach im Unternehmensalltag repräsentiert ist wie das der Strategie. Bestimmte Funktionalstrategien, wie z. B. die des Vertriebs, weisen eine große Lückenhaftigkeit auf. Das sog. „Tagesgeschäft" beansprucht die meisten Manager so sehr, dass sie kaum dazu kommen, etwas anderes zu tun, nämlich das, was sie eigentlich tun sollten: sich um die Steuerung des Geschäftes zu kümmern. Stattdessen sind sie viel zu häufig im Mikromanagement ihrer Abteilung oder des Unternehmens gefangen. Hier sind angesichts der Situation wirksame Tools und Methodiken gefragt und auch der Wille und die Kompetenz, diese Situation zu verändern.

1.2 Small but smart: Die sechs fundamentalen Werkzeuge für die Akquisition von Großkunden

Wenn es um erfolgreiches Verkaufen geht, dann gilt auch hier: Weniger ist mehr. Und für jede Akquisitionsarbeit gilt auch – und gerade im Großkundenbereich –, dass es zum Erfolg einer gewissen Prozesshaftigkeit und der richtigen Werkzeuge bedarf. Ein geordnetes, standardisiertes Vorgehen, was bestimmte Prozesse, Phasen und Einzelleistungen in diesen Phasen angeht, ist unbedingt erforderlich, genauso wie die richtigen Tools innerhalb dieses Prozesses. Einmal, weil diese beiden Dinge die Verkaufsarbeit als solche erheblich vereinfachen, zum anderen, weil sie die Hauptelemente für die Führungsaufgabe im Vertrieb sind.

Die 6 Hauptwerkzeuge für erfolgreiche Akquisition von Großkunden sind:

1. Den Markt verstehen: Markt- und Kundensegmentierung
2. Der Sales-Prozess
3. Die Buying-Center-Analyse
4. Der Account-Plan
5. Die Sales-Pipeline
6. True Value Selling

1.2.1 Den Markt verstehen: Markt- und Kundensegmentierung

Im Folgenden erhalten Sie einen Überblick zu Marktsegmentierungs- und Kundensegmentierungsverfahren. Diese werden hier kurz beschrieben und auch ihre Vor- und Nachteile werden erläutert. Beide Verfahren sind sehr bedeutsam, wenn es um sinnvolle Markt- und Kundenkenntnisse und deren Strukturierung geht. Ihre jeweiligen Ansätze und Tools sind für ein gut aufgestelltes Key-Account-Management wichtig.

Marktsegmentierung Darunter versteht man zunächst einmal eine Marktanalyse, nämlich die analytische Aufteilung eines Marktes in verschiedene, intern homogene und extern heterogene Gruppen. Mit Hilfe dieser Analytik wird die Akquisition neuer und die Bindung bestehender Kunden erleichtert, da Problemlösungen für bestimmte Bedürfnisse einer bestimmten Kundengruppe gezielt auf verschiedene Mitglieder dieser Gruppe angewandt werden können. Außerdem vermeidet man dadurch auch Streuverluste bei der Akquisition, da die absatzpolitischen Instrumente sehr zielgerichtet und damit auch produktiver und kostengünstiger eingesetzt werden können. Die Marktsegmentierung ist damit das Gegenteil des klassischen Massenmarketings und empfiehlt sich immer dann, wenn ein Unternehmen eine gezielte und differenzierte Ansprache besonders wichtiger Kundensegmente beabsichtigt.

Außerdem sind solche Segmentierungen auch interessant, wenn man sie rückbindet an das Geschäftsmodell. Daraus lassen sich wichtige Erkenntnisse darüber gewinnen, ob man das richtige Nutzenversprechen für alle Kundensegmente, die zu erreichen man sich wünscht, überhaupt vorhält. In der Praxis, wo solche Verfahren meist einen sehr theoretischen Anstrich haben, unterbleibt diese Rückbindung häufig; aber genau hierin besteht der Nutzen solcher Verfahren, dass sie dem Verkauf und dem Marketing die notwendigen strukturierten Informationen zu einer besseren Marktpositionierung in den für das Nutzenversprechen des Unternehmens geeignetsten Märkten liefern.

Zu Beginn eines Segmentierungsvorganges ist es sinnvoll, sich zunächst einmal Gedanken über relevante Segmentierungskriterien machen. Meistens ergeben sich daraus dann die Fokusbranchen bzw. auch geographischen Absatzgebiete, die ein Unternehmen gezielt bearbeiten kann, um seine Ziele zu erreichen und seine Strategie aufs Beste umzusetzen. Bei der Auswahl mehrerer Segmente und Parameter handelt es sich um eine differenzierte, bei nur einem Kriterium um eine konzentrierte Segmentierung. Je nach Segment wird dann der Marketing-Mix zusammengestellt.

Im Folgenden seien beispielhaft einige der Kriterien für eine Marktsegmentierung genannt:

a) **Marktsegmentierung, geographisch**
b) **Marktsegmentierung, nach Branchen**
c) **Marktsegmentierung, strategisch**
d) **Marktsegmentierung, nach Kaufverhalten**
e) **Marktsegmentierung, nach Außenumsatz der Zielunternehmen**

1.2.1.1 Trennung zwischen Markt- und Kundensegmentierung

Was man mit den Märkten tut, um sie besser zu verstehen, kann man natürlich auch mit einzelnen Kunden tun. Gute Kundenbeziehungen müssen sich schließlich auch für das Unternehmen rechnen. Für das Vertriebsmanagement stellt sich daher die Frage, wie besonders knappe Ressourcen in Form von Besuchszeiten oder Marketing-Budgets auf Kunden verteilt werden sollen. Es gibt verschiedene Verfahren der Kundensegmentierung, die solche notwendigen Entscheidungen zur Ressourcenverteilung unterstützen. Die knappen Mittel (Geld, Zeit) müssen optimal verteilt werden; dies geschieht nach Maßgabe der Größe und Reagibilität einzelner Kunden auf Marketing-(Verkaufs-) Maßnahmen.

Ein Instrument für die Kundensegmentierung wurde bereits weiter oben genannt, beim Sales-Prozess: der sog. „Quick-Scan". Damit kann untersucht werden, inwieweit ein bestimmter Kunde oder ein bestimmtes Projekt überhaupt für die Bearbeitung mit Akquisitionsbemühungen geeignet ist. Man kann mit diesem Instrument sehr schnell verstehen, ob sich der Einsatz der (immer) knappen Ressourcen lohnt.

Häufig werden Ansätze der Kundensegmentierung mit den Marktsegmentierungs-Methoden (s. o.) verwechselt.

Mit der Marktsegmentierung will man Kundensegmente finden, die unterschiedliche Produkte/Leistungen präferieren, unterschiedliche Zahlungsbereitschaften besitzen, auf Werbemaßnahmen unterschiedlich reagieren und die Produkte über unterschiedliche Absatzkanäle kaufen.

Tab. 3.1 Kundensegmentierung: die besten Methoden

Zuordnung	Individuelle Darstellung	Kumulierte Darstellung	
Eindimensional	Qualitative Segmentierung	Qualitatives Ranking aller Kunden	ABC-Analyse
	Kundendeckungsbeitragsrechnung		
	Customer Lifetime Value		
Mehrdimensional	Scoring-Ansätze (z. B. RFM)	Scoring-Portfolio	
	Radarchart (je Kunde)	Klassisches Kunden-Portfolio	

Im Rahmen der Kundensegmentierung geht es im Wesentlichen darum, mit welchem Aufwand einzelne Kunden bearbeitet werden sollen und für welches Umsatz-/Ertragspotenzial sie stehen. Die Kriterien der Segmentierung zielen daher in erster Linie auf Größen ab, die für die Kundenwertigkeit bedeutsam sind. Beispielsweise spielen dann Kriterien wie Anwenderstatus, Kundenkompetenz, Beschaffungsverhalten, Machtstrukturen des Abnehmers sowie dessen Lieferantentreue und Risikobereitschaft eine bedeutende Rolle.

Tabelle 3.1 zeigt die wichtigsten Ansätze zur Kundensegmentierung, die im Folgenden kurz erläutert werden.

1.2.1.2 Eindimensionale Ansätze

Kundensegmentierungen anhand eines einzigen Kriteriums basieren zumeist auf direkt verfügbaren Daten z. B. des Rechnungswesens und sind dementsprechend einfach handhabbar. Dies hat sicherlich zur weiten Verbreitung eindimensionaler Ansätze beigetragen.

Individuelle, eindimensionale Darstellung   Sowohl im Dienstleistungsbereich aber auch bei Industriegütern werden häufig qualitative Segmentierungen von Kunden eingesetzt. Dabei werden einzelne potenzielle Kunden beispielsweise in „Lead User", „strategische Kunden" oder auch „Innovatoren" eingeteilt.

Diese Form der Segmentierung ist nicht unproblematisch, da die Beurteilung der Kunden überwiegend der Intuition der Vertriebsverantwortlichen folgt. Inwieweit beispielsweise strategische Kunden oder Lead User zum Unternehmenserfolg beitragen können, wird selten anhand finanzieller Kennzahlen abgewogen. So werden Kundenbeziehungen, die sich selbst langfristig nicht rechnen, gerne unter Hinweis auf das sehr hohe Referenzpotenzial und in Unkenntnis der Wirtschaftsdaten des Kunden als „strategisch" bezeichnet und gegen alle ökonomische Vernunft fortgeführt.

Hintergrundinformationen

Qualitative Segmentierungen erfreuen sich trotz dieser Willkürproblematik großer Beliebtheit: So zeigte eine 1996 im Industriegütersektor durchgeführte Erhebung, dass jedes sechste Unternehmen nach dem Innovationsbeitrag von Kunden (Lead User) segmentiert, und 42,5 % nannten strategische Partnerschaften als qualitatives Kriterium der Segmentierung.

Kunden-Deckungsbeitrags-Rechnung (KDBR)   Um eine aussagekräftige KDBR aufstellen zu können, müssen Kosten und Erlöse nach möglichst vielen Kriterien beziehungsweise

Absatzsegmenten – wie Aufträge, Distributionskanäle, Kunden, Produkte oder Regionen – erfasst und auswertbar sein. Dies wird in der Literatur als „zweckneutrale Grundrechnung" bezeichnet. Durch die Verbreitung moderner multidimensionaler Datenbanksysteme stellen derartige Grundrechnungen heute kein unüberwindbares Problem mehr dar, wodurch sich Auswertungen für Kunden als Kosten- und Leistungsträger zunehmend zum Standard des internen Rechnungswesens entwickeln.

Hintergrundinformationen

Dies wird in der bereits erwähnten Industriegüter-Studie bestätigt: 58,9 % der befragten Unternehmen gaben an, eine KDBR für ausgewählte Kunden aufzustellen.

Alternativ können Prozesskostenrechnungen eingesetzt werden, in denen einzelne Kundenbeziehungen als Bezugsgröße dienen. Dabei wird durch die in der Prozesskostenrechnung übliche Vollkostenbetrachtung die Schwäche der KDBR, dass nämlich bedeutende Gemeinkosten-Blöcke unberücksichtigt bleiben, zum Teil behoben.

1.2.1.2.1 Die Systematik eines KDBR-Systems

Kunden-DB I Von den Nettoerlösen werden produktbezogene Einstandskosten abgezogen (Produktbezogene Rentabilitätsbetrachtung).

Kunden-DB II Nach Abzug der auftragsbezogenen variablen Kostenbestandteile erhält man einen auftragsbezogenen Deckungsbeitrag. Er zeigt, mit welchen Kosten die Entstehung/Annahme des Kundenauftrags verbunden ist.

Kunden-DB III Nach Abzug der kundenspezifischen variablen Kosten, die aus den spezifischen Wünschen der Kunden unabhängig vom Auftragsvolumen resultieren (z. B. Anbringen von Firmenlabel, Preisauszeichnungen), erhält man den ersten „reinen" Kundendeckungsbeitrag, der die Besonderheiten der Beziehung zum Kunden als Kostenbelastung ausweist und damit die Kundenprofitabilität anzeigt.

Kunden-DB IV Nach Abzug der Kosten für Kundenbetreuung und -pflege, deren Höhe produkt- und auftragsunabhängig ist, erhält man einen Kundendeckungsbeitrag, der anzeigt, welche Non-Value-Added-Maßnahmen für jeden Kunden angesetzt wurden.

Kunden-DB V Es werden die fixen kundenbezogenen Einzelkosten, die unabhängig von der Kundenbetreuung anfallen, abgezogen. Sie betreffen die durch die Organisation der Kundenbetreuung entstehenden (administrativen) Kosten. Der Deckungsbeitrag V gibt Hinweise auf die Effizienz der Kundenbetreuung.

Customer-Lifetime-Value-Ansatzes (CLV) Diese Methode ermittelt die Ertragskraft von Kundenbeziehungen über die voraussichtliche Gesamtdauer der Geschäftsbeziehung. Der CLV ist nichts anderes als der prognostizierte, auf die Gegenwart abgezinste Nettobarwert einer Kundenbeziehung.

Der CLV wäre ein guter Maßstab zur Verteilung knapper Budgets und Besuchszeiten, wenn absolut zuverlässige Informationen über vergangene, bisherige und zukünftige Ein- und Auszahlungen von Kundenbeziehungen vorlägen. Dennoch, auch näherungsweise müssen die mit dem CLV erhobenen Zahlen ja in die Planrechnung des Unternehmens eingehen (Budgetierung) und sind sinnvoll zu betrachten.

Hintergrundinformationen

Es ist aber nur schwer abschätzbar, wie lange potenzielle oder aktuelle Kundenbeziehungen andauern werden, und noch schwieriger, die zu erwartenden Ein- und Auszahlungen dieser individuellen Kundenlebenszeit zu prognostizieren. Daher kann man leicht nachvollziehen, dass selbst im Investitionsgüterbereich nicht einmal jedes zwölfte Unternehmen eine CLV-Rechnung einsetzt, obwohl es dort um langfristige Geschäftsbeziehungen mit hohen Ein- und Auszahlungen geht und auch ungefähr die Zeiträume für zu tätigende Neuinvestitionen bekannt sind.

Kumulierte, eindimensionale Darstellung Die beschriebenen Ansätze können nun auch dazu eingesetzt werden, eine Vielzahl von Kundenbeziehungen relativ zueinander zu bewerten. So sind auf der Basis qualitativer Einschätzungen einzelner Geschäftsbeziehungen qualitative Rankings aller Kunden möglich. Dabei werden alle potenziellen Kunden anhand eines Kriteriums in eine Rangfolge gebracht. Diese Kunden-Rangliste kann beispielsweise dazu dienen, die interessantesten Kunden zu identifizieren, die dann im Rahmen der Akquisitionsarbeit zu besuchen sind.

An diesem Ansatz ist jedoch zu bemängeln, dass die Kunden subjektiv und mittels qualitativer Kriterien eingeschätzt werden, was einer Willkür gleichkommt und zudem betriebswirtschaftlich nicht vertretbare Entscheidungen fördert.

Großer Beliebtheit bei den Segmentierungsverfahren erfreuen sich **ABC-Analysen** anhand z. B. der Umsätze pro Kunde. Aufgrund der sehr unterschiedlichen Umsätze und der damit verbundenen unterschiedlichen Behandlung der Kunden werden diese in A-, B- und C-Kunden eingeteilt. A-Kunden sind meist die etwa 5–10 % der größten Kunden, die zusammen etwa 70–90 % des Gesamtumsatzes ausmachen. Die B-Kunden stellen die nächsten 5–20 % der größten Kunden dar, die meist weitere 20 % des Gesamtumsatzes schaffen. C-Kunden sind die vielen restlichen Kleinkunden, die meist nur etwa 10 % des Umsatzes erbringen.

Hintergrundinformationen

Mehr als drei Viertel aller Industriegüterunternehmen setzen diese quantitative Methode zur Segmentierung ihrer Kunden ein. Aus zahlreichen Studien und Projekten ist bekannt, dass etwa 20 % der Kunden für 80 % des Gesamtumsatzes verantwortlich zeichnen. Heute ist, wie an anderer Stelle ausgeführt, eine starke Tendenz zu einem 90/10 Verhältnis gegeben.

Zur hohen Verbreitung der ABC-Analyse hat nicht zuletzt die Tatsache beigetragen, dass Kundenumsätze direkt und problemlos aus dem Rechnungswesen entnommen werden können und eine Sortierung der Kunden nach dem Umsatz schnell durchführbar ist. Nun könnte die ABC-Analyse ein adäquates Instrument der Kundensegmentierung sein, wenn die so gebildeten drei (oder manchmal auch mehr) Umsatzklassen auch in einem proportionalen Zusammenhang mit der Wertigkeit von Kundenbeziehungen stünden. Es zeigt sich aber immer wieder, dass die Umsatzgröße kein besonders geeigneter Indikator der Kundenprofitabilität ist.

Hintergrundinformationen
So berichtete ein deutscher Hausgeräte-Hersteller, dass B-Kunden die höchste Profitabilität aufwiesen, während die meisten A-Kunden für sich genommen eindeutige Verlustbringer wären.

Aus diesem Grunde ist eine umsatzbezogene ABC-Analyse nur als Vorstufe einer Kundensegmentierung anzusehen, die insbesondere durch Profitabilitäts-Gesichtspunkte zu ergänzen ist, da die Maximierung des langfristigen Gewinns ja das Ziel allen unternehmerischen und schon gleich vertrieblichen Handelns sein sollte.

Die Beschreibung eindimensionaler Verfahren zeigt, dass ein einziger Indikator der Kundenwertigkeit nicht ausreicht, um die Komplexität der Profitabilität von Geschäftsbeziehungen ausreichend zu beschreiben. Mehrdimensionale Segmentierungsverfahren werden der erforderlichen Vielschichtigkeit eher gerecht.

1.2.1.3 Mehrdimensionale Ansätze

Individuelle, mehrdimensionale Darstellung Im Rahmen der sog. Scoring-Methode werden Kunden anhand eines individuell erstellten Kriterienkataloges (dieser richtet sich nach der Bewertungshierarchie des Unternehmens, die wiederum aus der Strategie abgeleitet ist) qualifiziert, wobei eine einheitliche Bewertungsskala (zum Beispiel von 1 = sehr schlecht bis 5 = sehr gut) benutzt wird. Die Feinheit der Bepunktung, also ob maximal fünf oder sieben Punkte je Kriterium zu verteilen sind, spielt dabei eine geringere Rolle. Viel wichtiger ist die Frage, ob die zentralen, für eine wertorientierte Differenzierung von Kunden relevanten Kriterien berücksichtigt werden und in den gesamten Punktwert (oder Score) eingehen.

Die Stärke dieses Verfahrens liegt in der Möglichkeit, viele Kriterien zu berücksichtigen und sie gewichtet in eine Gesamtbewertung je Kunde einfließen zu lassen. Wenn gleichzeitig nur wenige Kunden betrachtet werden, kann die Bepunktung für jedes Kriterium auch anhand von Profilanalysen grafisch dargestellt werden. Werden dagegen zahlreiche Kunden bewertet, ist es eher sinnvoll, die Scores der einzelnen Kriterien zu gewichten und je Kunde einen Kundenwert-Index oder Score zu berechnen (einen Zahlenwert).

Portfolio-Technik Potenzielle und bestehende Kunden werden anhand der Dimensionen „Wettbewerbsposition" und „Kundenattraktivität" bewertet und in einem Portfolio dargestellt. Ausgewählte Merkmale der Wettbewerbs- oder Lieferantenposition sind z. B. der derzeitige Leistungsanteil beim Kunden, die bisherige Länge der Geschäftsbeziehung, die Zufriedenheit des Kunden oder der zurzeit erzielte Kundendeckungsbeitrag.

Hintergrundinformationen
Die Wettbewerbsposition sagt aus, wie zugänglich ein Kunde für Wettbewerber ist.

Hintergrundinformationen
Die Kundenattraktivität bezieht sich darauf, wie viel, wie häufig und welche Produkte ein Kunde kauft.

Die Werte zweier Merkmale werden in einem XY-Diagramm abgetragen (z. B. das Paar Umsatz/Gebiet oder DB/Dauer der Geschäftsbeziehung). Auf diese Weise entstehen vier Felder, die dann einer Bewertung zugänglich gemacht werden können. Sind Kundenattraktivität und die Wettbewerbsposition hoch bewertet, so handelt es sich um einen sehr wertvollen Kunden, um den sich ein Lieferant besonders bemühen sollte. Damit wird ein Kunde auch hinsichtlich seiner Investitionswürdigkeit bewertet. Es wird schnell klar, ob sich z. B. die Investition in eine strategische Partnerschaft lohnt.

Die Kundenattraktivität kann anhand von Aspekten wie derzeitige Bedarfsvolumina, deren erwartetes Wachstum, Preisbereitschaft, Bonität, Ertragskraft/DB-Potenzial, Referenzwert oder allgemeine Loyalität gut bewertet werden.

Hintergrundinformationen
Allerdings sind Portfolios mit einer gewissen Vorsicht einzusetzen: Eine einseitige und mechanistische Anwendung von Portfolio-Ansätzen bringt oft nicht die gewünschten Ergebnisse. Beispielsweise wäre es möglich, durch eine geschickte Auswahl oder Nichtberücksichtigung von Kriterien und deren Gewichtung einzelne Kunden auf eine beliebige Portfolio-Position zu bringen, Kunden können also „schöngerechnet" werden. Projekterfahrungen zeigen dabei, dass die an einer Kundensegmentierung Beteiligten dazu tendieren, viele Kunden im Fadenkreuz des Portfolios zu positionieren. Netzwerke zwischen Kunden und ähnliche Verbundbeziehungen werden zudem vernachlässigt, was bei voreiliger Elimination eines Kunden verheerende Wirkungen für ein ganzes System von Kunden nach sich ziehen kann, die durchaus keine Verlustbringer sind.

Kunden-Portfolios Im Gegensatz zum Scoring-Portfolio erfolgt die Segmentierung hier überwiegend anhand von quantitativen Größen und aus der Retrospektive. Es werden also nur Kunden analysiert, mit denen bereits Geschäftsbeziehungen bestehen. Beiden Methoden gemeinsam ist die Darstellung der gesamten Kundenstruktur anhand von Merkmalen der Kundenattraktivität und der Wettbewerbsposition. In der vertrieblichen Praxis ist festzustellen, dass klassische Kunden-Portfolios sehr beliebt sind, um Geschäftsbeziehungen zu analysieren. Allerdings werden bei dieser Methode Potenzialgrößen wie Umsatz- oder Deckungsbeitragspotenzial des relevanten Bedarfs häufig vernachlässigt und nur leicht zugängliche beziehungsweise direkt messbare Größen betrachtet. Mit anderen Worten: Die dynamische Ebene von Geschäftsbeziehungen wird eher vernachlässigt.

Hintergrundinformationen
In einer Studie des VDI zeigte sich beispielsweise, dass 44,3 % der befragten Industriegüterunternehmen Kunden-Portfolios einsetzen.

Entscheidend beim Einsatz gleich welcher Segmentierungstechnik sind immer zwei Aspekte: Zum einen kommt es natürlich darauf an, die richtigen Kriterien überhaupt auszuwählen. Zum anderen ist zu prüfen, ob diese Kriterien angemessen gewichtet sind, das heißt ob nach der Gewichtung der Kriterien die relative Einschätzung der Kunden auch im Sinne strategischer, bzw. betriebswirtschaftlicher Optimalität gegeben ist. Was dabei „richtig" ist und was nicht, ist vor allem vom Bezug auf die gegenwärtige Strategie abhängig. Oft scheint es so, als stünden Methoden und Tools für sich selbst, was jedoch eine sehr akademische Betrachtung ist. Vielmehr kommt es darauf an, Methoden und Tools den beabsichtigten Zwecken so anzupassen, dass sie überhaupt sinnvoll nutzbar werden, sie so auf die Zielstellungen zu beziehen, dass daraus konkrete Handlungsempfehlungen ableitbar werden. Dies ist für den Vertrieb im KAM-Segment sehr wichtig, da alles, was die Komplexität des Geschehens dort reduziert, und alles, was Struktur und Systematik schafft, die Wirksamkeit sehr erhöhen kann.

Kunden „auf Vorrat" Aus den genannten Techniken der Markt- und Kundensegmentierung entspringen ganz praktische Themen für die Vertriebsarbeit. Schließlich geht es darum, mit einer besseren Markt- und Kundenkenntnis die Unternehmensergebnisse in der bestmöglichen Weise zu verbessern. Markt- und Kundensegmentierungsverfahren stellen sicher, dass alle diesbezüglichen Aktionen auf einer gesicherten Wissensbasis stattfinden, die ein zielgerichtetes Handeln, einen schonenden Umgang mit den Ressourcen und taktisch kluge Vorgehensweisen garantiert.

Dazu gehört auch, dass man eine Reihe von Kunden selektiert, die für eine künftige Bearbeitung besonders interessant sind. Dies können sowohl bestehende als auch potenzielle sein. Man bildet ein Reservoir von Kunden, das dazu dient, Kunden, die aus irgendeinem Grund von der aktuellen Bearbeitungsliste (Target-Liste) gestrichen wurden, zu ersetzen. Denkbar ist, dass ein Kunde der Target-Liste gerade sein Auftragsvolumen über einen Ausschreibungsprozess vergeben hat, aber über lange Zeit im Fokus stand. Für diesen Kunden muss Ersatz geschaffen werden. Dieser kommt von einer Nachrückerliste, der entsprechende Qualifizierungen – auch über Segmentierungstechniken – vorangegangen sind.

Die Target-Liste Die Target-Liste wird aus denjenigen Kunden gebildet, die sich nach einem Markterhebungsverfahren (Markt-/Kundensegmentierung) als besonders interessant für das Unternehmen herauskristallisiert haben. Es handelt sich um Kunden, die der Gesamtstrategie des Unternehmens und damit der des Vertriebs in besonderem Maße entsprechen. Es empfiehlt sich eine detaillierte Absprache zwischen Verkaufsleitung und Verkäufern über die Art und Weise, wie solch eine Liste zu erstellen ist und wie mit ihr umgegangen wird, inklusive des formellen und informellen Berichtswesens.

Grundsätzlich sollte jeder Verkäufer eine Target-Liste haben, im KAM ist es ein Muss. Sie definiert wesentlich die Ziele, die es zu erreichen gilt, indem ausgesagt wird, mit welchen Kunden dies geschehen soll.

Tipps zur Praxis
Target-Liste:

- Die TL muss mit der Firmen- und Vertriebsleitung abgestimmt sein.
- Ihr muss ein für alle nachvollziehbarer Selektionsvorgang der Kunden zugrunde liegen.
- Sie sollte eine überschaubare = bearbeitbare Anzahl Kunden enthalten.
- Verkaufsbesprechungen sollten sich im Wesentlichen auf die Kunden dieser Liste und ihren Bearbeitungsstatus beziehen. Und vor allem darauf, welche weiteren Maßnahmen zu treffen sind, um einen möglichst baldigen und hohen Abschluss zu erreichen.
- Die TL der Verkäufer/KAM sollten im gesamten Unternehmen, in jedem Fall aber bei den jeweils leitenden Funktionen in aktueller Fassung bekannt sein.

In einer Untersuchung, die wir vor kurzem durchgeführt haben, gaben 78 % der befragten Einkaufsleiter an, dass die meisten Verkaufsmitarbeiter, mit denen sie zu tun hätten, wenig oder sogar sehr wenig über ihr Geschäft wüssten. Das ist besorgniserregend, denn diejenigen Kunden, mit denen es am besten gelingen kann, langfristige Werte für beide Seiten zu schaffen, fordern tiefe Kenntnisse ihres Geschäftes ein. Dazu gehören vor allem die Kundenmärkte der Unternehmen, ihre Produkte/Services und deren Vermarktungsstrategien, aber auch das Wissen, wie die Wertschöpfung überhaupt stattfindet und wie sie positiv beeinflusst werden kann. Ein wenig überspitzt könnte man sagen, dass ein KAM wenigstens so viel über seine Kunden wissen müsste, dass er morgen in diesem Unternehmen als Verkäufer ohne weitere Verzögerung anfangen könnte. Er muss so viel über die Geschäftstätigkeit seiner Kunden wissen, dass er die Verbindung zwischen seinem Produkt und einem messbaren Einfluss auf das Kundengeschäft glaubwürdig vermitteln kann. Er muss auch etwas über Geschäfts- und Finanzkonzepte sowie aus der Fachsprache dazu wissen, um die Sprache und den Ton von hohen Entscheidungsträgern seiner Kunden zu treffen.

1.2.2   Der Sales-Prozess

Hier haben wir es mit keinem Tool, sondern eher mit einer Systematik oder eben mit einem Prozess zu tun. Der Verkaufsprozess bildet die Grundlage für jedes systematische Arbeiten im Vertrieb, vor allem bei Großkunden.

Für eine wirksame Vertriebsarbeit benötigt ein ADM ein sehr breites Spektrum von Fähigkeiten. Er muss in der Lage sein, sich auf jeden einzelnen Gesprächspartner einzustellen und mit ihm seine Geschäftssituation kompetent analysieren und diskutieren können. Es ist unbedingt notwendig, dass nach einem solchen Gespräch beim Kunden ein positiver Eindruck zurückbleibt, der ein Interesse am vorgestellten Produkt/Produktmix/Lösungsansatz und an weiteren Gesprächen bewirkt. Dies geschieht vor allem über zwei Kanäle: einmal über eine hohe Professionalität, zum zweiten natürlich über eine sympathische Ausstrahlung.

Hintergrundinformationen
ADM = Außendienstmitarbeiter; egal ob Großkundenbetreuer, KAM, GAM.

Und jedes Verkaufsgespräch ist so individuell wie seine Teilnehmer. Sie müssen daher nach den Grundregeln gelingender Kommunikation angesprochen werden. Daneben gibt es auch verschiedene Phasenansätze im Verkauf, die evtl. sinnvoll sein können. Grundsätzlich ist es aber so, dass man im hochwertigen Verkauf kaum auf solche schnellen Techniken zurückgreifen kann, die meist darauf abzielen, möglichst viele Verkaufsgespräche in möglichst kurzer Zeit zum Erfolg zu führen.

Hintergrundinformationen
Phasenansätze für kurze Akquisitionsprojekte: **AIDA:** Attention, Interest, Desire, Action. **DIBABA:** Definition, Identifizierung, Beweis, Annahme, Begehren, Abschluss. **VERKAUFSPLAN:** Vorplanung, Erfassung der Grunddaten, Referenzausstattung feststellen, Kontaktaufnahme, Appell an die Motivation, Untersuchung der Bedarfslage, Fassung des Angebotes, Spezifische Angebotsvorteile, Prüfung der Argumente, Liquidierung von Einwänden, Abschlussvorgang, Nachfassen.

Für den Verkauf an Großkunden bedarf es jedoch auf jeden Fall eines klaren, systematischen und prozesshaften Vorgehens, das in einem sog. „Sales-Prozess" definiert wird. Auch hier gilt: Jeder Sales-Prozess ist unterschiedlich, und jedes Unternehmen definiert ihn auf seine Weise. Die Inhalte sind von Unternehmen zu Unternehmen unterschiedlich bzw. unterschiedlich gewichtet, auch die Anzahl der Phasen kann natürlich unterschiedlich sein.

Hintergrundinformationen
Wie der Sales-Prozess am Ende aussieht, ist sehr von den Erfordernissen des Unternehmens abhängig. Und es spielt keine Rolle, ob er aus drei oder zehn Phasen besteht. Wichtig alleine ist, dass er die notwendigen Elemente enthält, um erfolgreich zu sein, dass er logisch und stringent aufgebaut ist. Dadurch wird dem ADM die Selbststeuerung und der Führungskraft die Steuerung der Vertriebsaktivitäten ermöglicht.

Allgemein können aber hier beispielhaft fünf große Phasen unterschieden werden:

1. **Vorbereitungsphase**
   - Markt- und Kundenanalyse
   - Eigene Datenbanken
   - Fachinformationen (z. B. Branchen-Zeitschriften, -Portale)
   - Kundenauswahl (auch über einen sog. „Quick-Scan")
   - Anlegen einer Buying-Center-Analyse
2. **Kontaktphase**
   - Gesprächsvorbereitung
   - Terminvereinbarung (Erste Nutzenargumente, Vorbereitung auf Kontaktwiderstände etc.)

- Verkaufsgespräch (Situationsklärung, mögliche Bedarfe, Value-Gap-Analyse …)
- Buying-Center-Analyse und Durchdringung des Buying-Centers durch geeignete Kontaktmaßnahmen

3. **Umsetzungsphase**
   - Projektdefinition und weitere Klärung
   - Pre-Presentation/Kundenpräsentation
   - Verkaufsgespräch (Einwandsbehandlung, Konfliktüberwindung, Erkennen der Kaufbereitschaft, Value-Gap schließen etc.)
4. **Abschlussphase**
   - Preisargumentation
   - Ausräumen von Abschlusshindernissen
   - Nachbereitung
5. **After-Sales-Phase**
   - Betreuung
   - Cross- und Up-Selling
   - Neues Projekt …

Die für einen Verkäufer notwendigen Fähigkeiten sind im Prinzip alle erlernbar, sofern die persönlichen und fachlichen Mindestvoraussetzungen dafür gegeben sind. Um wirklich zu den Besten zu gehören, ist bei den persönlichen Eigenschaften ein unbedingter Erfolgswille und eine Freude am Erfolg notwendig, ein gesunder Ehrgeiz sowie die Fähigkeit, alles was dafür notwendig ist, aus sich heraus motiviert zu leisten. Dies trifft naturgemäß nur auf wenige Mitarbeiter im Vertrieb zu. Aber das ist nicht schlimm, es braucht für den Vertrieb auch das große, breite Mittelfeld.

1.2.3 Die Buying-Center-Analyse

Kaufentscheidungen sind in großen Unternehmen immer auch mit der Einbeziehung vieler Personen verbunden. Darunter sind sowohl Entscheider als auch Beeinflusser. Unter „Entscheidern" verstehen wir im engeren Sinne nur Personen, die Budgetvollmacht haben und den Beschaffungsprozess zu jedem Moment stoppen oder in eine bestimmte Richtung lenken können. Hier geht es also um die formale, qua Funktion ausübbare Entscheidungsmacht. Einkäufer sind daher keine Entscheider, sondern Beeinflusser; mächtige zwar, aber sie haben i. d. R. keine Entscheidungsmacht in dem eben beschriebenen Sinne.

Eine Buying-Center-Analyse ist integraler Bestandteil eines gut entwickelten Account-Planning-Tools (Abb. 3.1). Sie gibt Aufschluss darüber, wer die wichtigsten Spieler in einem bestimmten Beschaffungsprojekt sind, welche Macht sie haben und auf welche Weise und wie stark sie aufeinander Einfluss nehmen.

Hintergrundinformationen

Das Key-Account-Planning-Tool dient dem Key-Account-Manager dazu, schrittweise einen Schlüsselkunden zu analysieren und bestimmte strategische Bereiche innerhalb seines Sales-Prozesses so aufzubereiten, zu verstehen und Handlungen daraus abzuleiten, dass er den Kunden erfolgreich

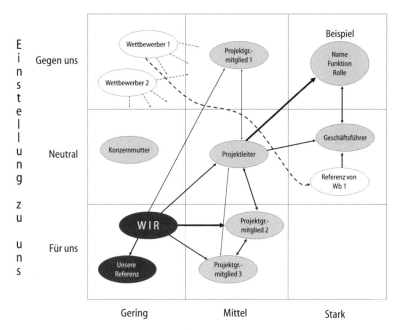

Abb. 3.1 Eine Stakeholder-Analyse ist ein nützliches Instrument, um ein Buying-Center zu verstehen

abschließen kann. Das KAP-Tool dient dem KAM darüber hinaus auch als Kommunikationsinstrument im Key-Account-Team und im eigenen Unternehmen. Außerdem kann es auch gezielt in der Kommunikation mit dem Kunden eingesetzt werden, um strukturiert weitere Informationen zu beschaffen beziehungsweise den Kunden noch stärker und aktiver in die Geschäftsplanung mit einzubeziehen. In diesem Sinne könnte man auch sagen, dass das KAP-Tool ein guter Ort für TVS als Instrument ist.

Im Buying-Center sind üblicherweise 5 Rollenmuster vertreten:

1. Der (wirtschaftliche) Entscheider
2. Der Beeinflusser
3. Der Anwender
4. Der Torwart/Gegner
5. Der Coach

Zu 1. Der (wirtschaftliche) Entscheider Rolle: Er erteilt die endgültige Kaufgenehmigung, verfügt über Budgetvollmachten, hat Vetorecht in jedem Stadium und ist nur einmal im Buying-Center vertreten.

Er konzentriert sich auf die Auswirkungen der Kaufentscheidung auf das Unternehmen und das Geschäftsergebnis.

Er stellt sich bei Kaufentscheidungen die folgenden Fragen: „Rechtfertigt der Nutzen das Risiko eines Lieferantenwechsels? Welche Auswirkungen hat diese Beschaffungsentscheidung auf den ROI?"

Zu 2. Der Beeinflusser Rolle: Er prüft, filtert, bildet und beeinflusst Meinung. Er beurteilt messbare, quantifizierbare Eigenschaften eines Angebotes. Er genießt das Vertrauen des Entscheiders, kann aber z. B. den Kauf nicht genehmigen. Er kann ihn aber verhindern – und tut dies auch oft. Er ist oft mehrfach im Buying-Center vertreten.

Er konzentriert sich auf Waren und Dienstleistungen als solche.

Er stellt sich bei Kaufentscheidungen die folgende Frage: „Werden unsere Anforderungen erfüllt?"

Zu 3. Der Anwender Rolle: Er beurteilt den Nutzen eines Produktes, einer Lösung. Ihr Produkt, Ihr Nutzenversprechen betrifft unmittelbar seine eigene Leistung und Zufriedenheit. Er beurteilt Ihr Produkt nach den Auswirkungen auf ihn und seinen Arbeitsplatz. Er möchte in die Entscheidung einbezogen werden und ist oft mehrfach im Buying-Center vertreten.

Er konzentriert sich auf die Aufgabenstellung als solche.

Er stellt sich bei Kaufentscheidungen die folgenden Fragen: „Was bringt es mir für meinen Job? Kann ich dadurch meine Vorgaben besser/leichter/schneller erreichen?"

Zu 4. Der Torwart/Gegner Rolle: Er gibt Richtlinien vor, hat zwar keine Entscheidungsbefugnis, kann aber blockieren.

Er konzentriert sich auf Spezifikationen und technische/finanzielle Gesichtspunkte des Angebotes.

Er stellt sich bei Kaufentscheidungen die folgenden Fragen: „Erfüllt der Lieferant bestimmte, für uns notwendige Bedingungen?"

Zu 5. Der Coach Rolle: Er führt den Verkäufer durch den jeweiligen Kaufprozess. Er möchte, dass Sie Erfolg haben, besitzt Glaubwürdigkeit im Unternehmen und hat Vertrauen zu Ihnen. Er kann auch eine der anderen vier Rollen gleichzeitig übernehmen. Oft gibt er Insider-Informationen, die wertvoll für die Gestaltung des Verkaufsprozesses sind; er tut dies aber immer, ohne vitale Interessen seines eigenen Unternehmens zu verletzen.

Er konzentriert sich auf gemeinsame Interessen. Dabei ist er ehrlich davon überzeugt, dass Ihr Angebot das Beste für sein Unternehmen ist. (Er verfolgt damit keine persönlichen Interessen oder gar die Absicht einer Vorteilsnahme!)

Er stellt sich bei Kaufentscheidungen die folgende Frage: „Wie können wir unsere gemeinsamen Interessensziele erreichen?"

1.2.3.1 Die Kundensituation verstehen und evaluieren

Natürlich ist es in Großkundenprojekten entscheidend zu verstehen, was der Kunde will und wirklich braucht. Zwischen dem, was der Kunde formuliert, und dem, was wirklich die Lösung seiner Probleme im Sinne der von ihm angestrebten Ziele bedeutet, besteht häufig eine Diskrepanz. Denn oft ist er nicht der Fachmann, wie es der Lieferant in seinem Bereich ist und sein muss. Die beratende Funktion eines ADM muss hier beginnen und könnte im KAM mit dem Begriff „Evaluation" besser gegriffen werden, als mit dem der „Bedarfsermittlung". Der Begriff „Bedarfsermittlung" greift für Großkundenprojekte vielfach zu kurz, weil darunter üblicherweise ein paar Techniken verstanden werden, die den Kunden dazu bringen, seine Ideen über eine Lösung zu formulieren. Ein beratender Verkauf kann aber so nicht vorgehen. Vielmehr muss mit geeigneten Mitteln die Situation des Kunden evaluiert und möglichst umfassend erkundet und bewertet werden. Es muss von Anfang an ein gemeinsames Arbeiten sein, das bereits vor der Bedarfsformulierung durch den Kunden ansetzt und ihn dabei unterstützt, eine wirklich umfassende (evaluierende) Sicht auf die Situation zu bekommen.

Hintergrundinformationen
Eine professionell durchgeführte Evaluation unterscheidet sich nach Balzer durch folgende Kriterien von alltäglicher Bewertung: 1. Sie ist auf einen klar definierten Gegenstand bezogen. 2. Sie wird von Experten durchgeführt. 3. Die Bewertung erfolgt anhand präzise festgelegter Kriterien (Evaluations-/Bewertungskriterien). 4. Die Informationsgewinnung geschieht durch empirische Datenerhebung. 5. Die Informationsbewertung erfolgt systematisch anhand bestimmter Regeln.

Konkret: Wenn Sie mit dem Anwender (z. B. einem Maschinenführer, Produktionsleiter etc.) über eine bestimmte Situation auf einer Produktionslinie sprechen, werden Sie vor allem technische Einzelheiten dazu hören, warum etwas nicht geht und dass es künftig besser laufen müsse; technisch gesehen, auf den Output oder den Prozess als solchen bezogen. Er wird Ihnen den Bedarf auf eine gewisse Weise darstellen.

Wenn Sie mit einem kaufmännischen Leiter oder dem CEO sprechen, dann wird er Ihnen den Bedarf auf eine ganz andere Weise beschreiben; dabei geht es dann um finanzielle Aspekte und Ziele, die mit einer Neuanschaffung verbunden sind.

Und wenn Sie mit einem Vertriebsleiter Ihres Kunden sprechen, wird die Beschaffungssituation nochmal einen anderen Aspekt gewinnen, denn der Vertrieb soll letztlich mit Ihrem Beitrag seinen Erfolg sicherstellen.

Als ADM/KAM/GAM müssen Sie nicht nur in beiden Welten – der operativen und der finanziellen – zuhause sein, Sie müssen auch oft zwischen beiden vermitteln und für beide die richtigen Lösungsansätze formulieren können, sodass alle Seiten den Eindruck gewinnen können, dass mit Ihrer Vorgehensweise und Ihren Vorschlägen das Beste für das Unternehmen erreicht wird.

In der Evaluationsphase stellen Sie bereits die Weichen dafür, wie wichtig später der Preis genommen wird. Wenn es Ihnen gelingt, schon in der Evaluationsphase als im oben beschriebenen Sinne kompetenter Ansprechpartner aufzutreten, werden Sie erfahren, dass der Preis im Verlauf des Akquisitionsprozesses immer mehr an Bedeutung verliert.

1.2.3.2   Die strategischen Kundenziele und -bedarfe verstehen

Bedarfsermittlung, wie sie heute meist geschieht, geht davon aus, dass der Kunde genau wisse, was er brauche. Man müsse ihn nur richtig befragen, dann würde man schon die richtigen Antworten bekommen.

Das entspricht aber nur sehr eingeschränkt der Realität. In großen Projekten wird immer mehr erwartet, dass sich der Lieferant an dem ganzen Prozess der Ideenfindung zu dem ganzen Projekt einer Investition beteiligt. In vielen Lieferantenbeurteilungskriterienkatalogen wird danach gefragt und wird bewertet, inwieweit der Lieferant überhaupt in der Lage sei, als „strategischer Lieferant" zu agieren.

Die wichtigste Bedingungen dafür sind, dass er

a) selbst strategisch denkt und handelt (dazu gehört zum Beispiel, dass er eine formulierte, kommunizierte Strategie überhaupt besitzt),

b) seine Strategie daran orientiert, wer ihn bezahlt; dass er also markt- und kundenorientiert handelt,

c) dass er bereit ist, sich aktiv an gemeinsamen Entwicklungen zu beteiligen,

d) dass er über die entsprechenden Kapazitäten und das entsprechende Wissen verfügt bzw. es sich aneignet, um die Wertschöpfungsprozesse seines Kunden in strategisch bedeutsamer Weise mitzugestalten.

1.2.3.3   Bottom-Line-Benefit 1: Wie Sie relevanten Nutzen identifizieren

Sie wissen: Kunden kaufen keine Produkte und Dienstleistungen als solche – jedenfalls nicht im B2B-Bereich. Sie suchen nach Lösungen für ihre „Probleme", sie wollen Lösungen für die Herausforderungen, vor denen sie stehen, sie wollen mit jeder größeren Investition letztlich einen **Wettbewerbsvorsprung** erzielen.

Nutzen verkaufen heißt also, das eigene Nutzenversprechen (bestehend aus den Produkten, Leistungen sowie deren unterschiedlichem Mix) so wirksam zu gestalten, dass dieser vom Kunden erwartete Nutzen auch eintritt. Der Lieferant, der es schafft, seinen Nutzen so zu gestalten und dann auch zu kommunizieren, wird i. d. R. auch den Zuschlag erhalten. Er darf dann auch um einiges teurer sein als seine Wettbewerber (solange die TCO-Betrachtung stimmt).

Sie werden dann erfolgreich sein, wenn Ihre Produkte und Lösungen es schaffen, positiv über die „Bottom Line" Ihres Kunden zu gehen. Was heißt das? Ihr Angebot sollte so gestaltet sein, dass es einen positiven und am besten messbaren Einfluss auf den Profit Ihres Kunden hat, ganz im Sinne des True Value Selling.

Hintergrundinformationen
In der traditionellen Geschäftserfolgsrechnung bezieht sich der Begriff „Bottom Line" auf die Summe der Einnahmen minus der Ausgaben. Das ist dann entweder Verlust bei einem negativen Ergebnis oder Gewinn, wenn positiv.

Bottom-Line-Benefit betrifft ein oder mehrere der folgenden drei Schlüsselfaktoren (Tab. 3.2). Er zielt auf die: **Leistungsfähigkeit**, **Wirksamkeit** oder **Geschwindigkeit**. Alle

Tab. 3.2 Beispiele für die drei Schlüsselfaktoren des Bottom-Line-Benefits

Schlüsselfaktoren	Beispiele
Leistungsfähigkeit	Sie reduzieren oder beseitigen bestimmte Kosten, indem Ihr Angebot die Prozesse des Kunden rationalisiert oder umstrukturiert, andere Verfahren ermöglicht. Sie verbessern die Leistungsfähigkeit einer Anlage oder eines Logistiksystems etc., und können dadurch mehr Output erzeugen oder Durchsatz, und das mit weniger Input oder Sie schaffen es, die Output-Qualität zu erhöhen.
Wirksamkeit	Sie sorgen für ein Umsatzwachstum Ihres Kunden, indem Sie ihm helfen, neue Märkte oder Marktanteile zu gewinnen. Sie helfen z. B. Ihrem Kunden, seinen Bruttogewinn zu verbessern, indem Sie ihn dabei unterstützen, seine Produkte hochwertiger zu gestalten und damit andere Preise zu erzielen.
Geschwindigkeit	Sie helfen Ihrem Kunden dabei, seine Orders „Just-in-Time" zu erfüllen. Oder Sie helfen Ihrem Kunden dabei, einen schnelleren Cash-Flow zu erreichen.

drei genannten Faktoren wirken sich direkt oder indirekt auf den ökonomischen Nutzen für Ihren Kunden aus.

Dies ist nur eine kleine Liste der Möglichkeiten von Nutzenstiftung, die sich letztlich auf den ökonomischen Nutzen für Ihren Kunden und Ihr eigenes Unternehmen auswirkt.

Wenn Sie so vorgehen, wird das Ihre künftige Positionierung beim Kunden und die Arbeitsbeziehungen mit ihm verändern. Da Ihr Kunde Sie zunehmend als eine Quelle von echten, nutzbringenden Lösungen betrachtet, werden Sie tendenziell früher bei künftigen Verkaufszyklen hinzugezogen, lange bevor eine Ausschreibung existiert. Sie werden tendenziell auch mehr Zugang zu älteren und höherrangigeren Entscheidungsträgern bekommen, und die Betonung der Geschäftsbeziehung auf den Preis wird nachlassen. Und: Sie werden mehr Spaß an Ihrer Arbeit haben, da Sie sich in einer ganz anderen Liga von Geschäftsthemen, Gesprächspartnern und Projektgrößen bewegen.

1.2.3.4 Bottom Line-Benefit 2: Das ist Nutzenargumentation (Das Nutzen-Dreieck)

Um sich mit dem Thema des wertschöpfenden Verkaufes auseinanderzusetzen, ist es gut, zunächst einmal zu verstehen, welche Arten von Nutzen es überhaupt gibt, welche Arten von Nutzen überhaupt von Kunden als wertstiftend wahrgenommen werden (Abb. 3.2).

Geld, Qualität und Zeit kann man als „Grundnutzen" bezeichnen. Finanzielle Verbesserungen, Qualitätsverbesserungen und Zeitverbesserungen führen in jedem Unternehmen, in jeder Organisation, in jedem Land zu Nutzenstiftungen.

- Die finanziellen Nutzen sind: mehr Umsatz, mehr Rendite, weniger Kosten.
- Qualitätsnutzen können sich beziehen auf die Organisation, die Prozesse, die Produkte und Dienstleistungen etc.

Abb. 3.2 Das Nutzen-Dreieck

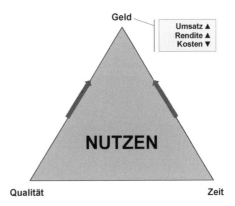

- Zeitliche Nutzen können z. B. in der Verkürzung bestimmter Prozesszeiten liegen oder darin, dass bestimmte Ereignisse zu genau dem richtigen Zeitpunkt eintreten.

Hintergrundinformationen
Daneben gibt es noch den sog. Zusatznutzen, eine Nutzenart, die vor allem im Konsumgüterbereich eine Rolle spielt und die etwas mit dem Imagegewinn durch eine Sache oder eine Marke zu tun hat.

Allen drei Grundnutzen ist gemein, dass sie auf der ganzen Welt verstanden werden. Sie sind kulturunabhängig, wenn auch immer kulturell eingefärbt, vor allem, wenn es um deren Verhandlung geht. Die Nutzen als solche sind jedoch gleich und anwendbar in allen Kulturen. Jede Kommunikation, die Verkaufskommunikation über Nutzen sein will, muss sich in ihrer Zielstellung mit den o. g. Nutzen befassen. Qualitäts- und Zeitnutzen lassen sich immer auch in einen finanziellen Nutzen übersetzen, daher steht dieser Nutzen an der Spitze der Pyramide.

Je nachdem, welche Gesprächspartner gerade am Tisch sitzen, müssen unterschiedliche Nutzenerwartungen erfüllt werden. So ist der Anwender, bspw. ein Produktionsleiter, eher an Nutzen, die zur Qualitätsverbesserung seiner Anlage und ihrer Leistungsfähigkeit wie z. B. der OEE beitragen, interessiert. Ein CEO will mehr zur Profitabilität oder zum ROI wissen und erwartet sich dort überzeugende Nutzenargumente von einem Lieferanten.

Hintergrundinformationen
OEE = Overall Equipment Effectiveness

1.2.4 Der Account-Plan
Für jedes Unternehmen ist die Ausgangssituation, sind die internen und externen Bedingungen anders. Insofern muss sich das auch in Prozessen, Systemen, Organisation und sogar den Tools niederschlagen, die genutzt werden.

Gute Account-Pläne sind strategisch ausgerichtete Instrumente für die Akquisition (bzw. Betreuung) im Großkundenbereich, sie legen die Rahmenbedingungen, Mittel und Prozessschritte fest, mit denen eine zielführende Verkaufsarbeit erfolgen soll.

Hintergrundinformationen

Laut einer neuen Studie der SAMA (Strategic Account Management Association) verfügen mehr als 70 % der Unternehmen über eine Key-Account-Plan-Vorlage. ABER: Nur ein Fünftel der Unternehmen nutzte diesen Plan auch, um die Geschäftsbeziehung zu ihren Schlüsselkunden zu steuern. Interessant dabei ist, dass dieses Fünftel laut SAMA-Studie deutlich besser durch das Krisenjahr 2009 gekommen ist.

Zwei der zentralen Elemente, die jedoch in keinem Account-Plan fehlen sollten, sind erstens Betrachtungen und Instrumente zur Wertschöpfung des Kunden, dazu, welche Arten von Nutzen er damit anstrebt, und zweitens zur Analyse der wichtigsten Gesprächspartner beim Kunden überhaupt, bzw. bei einem konkreten Projekt.

Tabelle 3.3 zeigt ein Schema, wie solch ein Account-Plan aussehen könnte.

Tab. 3.3 Der Account-Plan

I. BASISDATEN ZUM KUNDEN

Kunde	
Projektbeschreibung: Chancen / Möglichkeiten	
Datum	
Sales-Team	
Leitung	
Teammitglied 1	
Teammitglied 2	
Teammitglied 3	

II. KUNDENPROFIL

Beschreibung der Geschäftstätigkeit		
Finanzielle Situation		
Umsatz in seinem Kerngeschäft	Profitabilität in seinem Kerngeschäft	Jahresabschlusszahlen
Key-Stärken gegenüber seinen Wettbewerbern		
Kernkompetenzen		
Zweigunternehmen		
Produkte und deren Markt (Regionen, Käufergruppen…)		
Fusion oder Beteiligungen bei anderen Unternehmen		

III. PROJEKT-INFORMATIONEN

Beschreibung des geplanten Kundenprojektes	
Evaluation der Erwartungen operativ, finanziell etc.	
Investitionen für das Projekt	
Standort(e), die bei diesem Projekt involviert sind	
Übernahme von Mitarbeitern	

IV. KUNDENZIELE

Gründe für den Kunden, die momentane Situation zu verändern		
Erwarteter ROI, bzw. ‚Pay-Back', wenn das Projekt umgesetzt ist		
Erwartete Veränderungen in der Wertschöpfung bei		
Umsatz	Profit	Kosten
Konsequenzen, wenn er keine Veränderung vornimmt		
Erwartungen durch die Umsetzung des Projektes		

V. UNSERE CHANCEN

Wurde die Evaluation sauber durchgeführt?	
Wurde das Projekt klar definiert?	
Haben wir alle Daten über das Geschäft des Kunden? Kundenprofil?	
Wie ist die finanzielle Situation des Kunden? Umsatzgröße, Profit...	
Stehen ausreichende Mittel (beim Kunden und evtl. bei uns) zur Verfügung, um das Projekt angehen zu können?	
Haben wir alle Informationen, warum der Kunde seine momentane Situation verändern möchte? Wurden diese klar und ausführlich definiert?	
Können wir dem Kunden wirklich eine passende/ herausragende Lösung bieten?	
Haben wir die Entscheidungskriterien des Kunden und aller am Entscheidungsprozess Beteiligten erfasst?	
Haben wir die Ressourcen? (z.B. Manpower, Geldmittel, Struktur)	
Wie ist die momentane Kundenbeziehung?	
Haben wir dem Kunden einen ‚Unique Business Value' (UBV) anzubieten?	
Haben wir einen kundeninternen Supporter (Coach, s. Buying-Center-Analyse)?	
Passt die Firmenkultur des Kunden zu der unseren?	
Wie ist die ‚politische' Beziehung zu dem Kunden?	
Wie hoch ist der Umsatz, der bis zu unserem Geschäfts- jahresende erreicht werden kann?	
Wie hoch ist der Umsatz, der in Zukunft kommen kann? Im 1. gesamten Geschäftsjahr der Zusammenarbeit, im 2., 3.?	
Wie hoch ist die Rendite in diesem Geschäft, seinen einzelnen Bestandteilen? (KDBR)	
Grad des Risikos, falls wir das Projekt nicht erhalten würden.	
Ist der Kunde strategisch wichtig? Warum?	

VI. ENTSCHEIDUNGSKRITERIEN DER MITGLIEDER IM BUYING-CENTER

Bewertung von 1–10

(1 = spielt für diesen Entscheider keine Rolle;

10 = spielt für diesen Entscheider eine sehr wichtige Rolle)

Kriterium	Herr T	Frau V	Frau S	Herr B	Herr K

VII. WICHTIGE ETAPPEN IM VERKAUFSPROZESS

Welche Schritte wurden in der Vergangenheit unternommen, und welche werden für die Zukunft geplant? Welche Aktivitäten sollen folgen?

(Nicht vergessen! Genehmigungen die man braucht, Gesetze die man beachten muss, und wichtige Implementierungsschritte)

Datum	Aktivität	Was muss der Kunde dafür tun?

VIII. UNSERE LÖSUNGEN FÜR DEN KUNDEN

1) Beschreibung unserer Lösung(en). Welche unterschiedlichen Alternativen haben wir entwickelt? Wie hat der Kunde diese bewertet?

2) Trifft unsere Lösung auf die Wünsche des Kunden zu?

3) Wen müssen wir in unserem Unternehmen für die Implementierung hinzuziehen?

1) …

2) …

3) …

IX. UNIQUE BUSINESS VALUE (UBV)

1) Definieren Sie den Unique Business Value und beschreiben Sie, welchen Vorteil und Nutzen der Kunde hier von unserer Lösung hat.

2) Definieren Sie diesen Nutzen/Vorteil in einem messbaren Resultat. (Höhere Umsatzerwartungen, höhere Profiterwartungen, erwartbare Kostensenkungen; kürzere Projektzeiten, höherer Cash-Flow, höherer Wirkungsgrad, bessere Präsenz am Markt...)

3) Kommunizieren Sie dieses Resultat an den Kunden und prüfen Sie, ob er dies auch so sieht.

4) Wodurch differenziert sich dies von dem Nutzen/Vorteil den unsere Mitbewerber dem Kunden bieten?

1) …

2) …

3) …

4) …

X. WETTBEWERBSANALYSE (operativ)

1) Welche Lösungsvorschläge bieten unsere Mitbewerber an?

2) Welche Produkte/Services/Preise bieten diese Wettbewerber an?

3) Wie ist deren Beziehung zum Kunden?

4) Welche Stärken und Schwächen haben diese Wettbewerber?

5) Welche USPs haben sie?

6) Welche Nutzenargumente nutzen sie?

7) Welche sind die Strategien der Wettbewerber?

1) …

2) …

3) …

XI. BEZIEHUNGSMANAGEMENT 1

1) Skizzieren Sie das Orga-Chart des Kunden.

Schließen Sie jeden mit ein, der Entscheidungen treffen oder beeinflussen kann. Gehen Sie dabei so tief wie möglich.

2) Erstellen Sie eine Buying-Center-Analyse. (Jede Person, die am Beschaffungsprozess beteiligt ist, sollte mit Namen, Funktion und der jeweiligen Rolle in diesem Projekt genannt sein.)

Bedenken Sie auch:

a) Wie ist die interne politische Beziehung, die die Entscheider untereinander haben?
b) Wer gehört zum ,inneren Kreis' der Entscheider?
c) Wer gehört zu den Beeinflussern?

3) Zeitkonto: Wieviel Zeit haben Sie bisher anteilig mit den jeweiligen Personen im Buying-Center verbracht?

1)…	Zeit…
2)…	Zeit…
3)…	Zeit…

XII. BEZIEHUNGSMANAGEMENT 2

1) Benennen Sie hier nochmals die Key-Player bei diesem Beschaffungsprojekt.

2) Beschreiben Sie, wie die Beziehung zu diesen Key-Playern aufgebaut bzw. weiter verbessert werden soll.

Name	Maßnahme im Beziehungsmanagement

XIII. STÄRKEN/SCHWÄCHEN

Identifizieren Sie Stärken und Schwächen bei der eigenen Positionierung.

Der Fokus liegt auf

- der Kundenbeziehung
- der Organisation
- den Produkten
- den Systemlösungen
- der politischen Ebene

Begründen Sie Ihre Einschätzung kurz.

Stärken	Schwächen

XIV. ZIELE BEI DIESEM PROJEKT

Beschreiben Sie Ihr
- kurzfristiges Ziel
- langfristiges Ziel
- Umsatzziel
- Renditeziel
- Kostenziel
- den strategischen Vorteil Ihres Zieles für das eigene Unternehmen

Kurzfristiges Ziel	
Langfristiges Ziel	
Umsatzziel	
Renditeziel	
Kostenziel	
Strategischer Vorteil	

XV. KRITISCHE FAKTOREN

1) **Was muss ich tun, um dieses Projekt zu gewinnen?**

2) **Was muss der Kunde dazu tun?**

3) **Welche kritischen Punkte gibt es noch?**

XVI. TAKTISCHER PLAN

1) **Welchen Wert hat unsere Lösung wirklich für den Kunden?**

2) **Welche wichtigen Informationen fehlen noch?**

3) **Wie können die Schwächen minimiert/in den Hintergrund gerückt werden?**

4) **Wie können die Stärken vergrößert/hervorgehoben werden?**

Aktion	Welche Ressourcen brauche ich?	Ressourcen in der Verantwortung von wem?	Zeitpunkt der Umsetzung?

Dieser Account-Plan ist, wie gesagt, eine Grundlagenversion davon, womit Unternehmen gewinnbringend arbeiten können, wenn es um die Steuerung der Prozesse und Blickrichtungen bei der Großkundenakquisition geht. Der Account-Plan stellt neben dem Sales-Prozess das zweite fundamentale Werkzeug dafür dar. Das dritte ist True Vale Selling selbst.

1.2.5   Die Sales Pipeline

Eine Sales Pipeline versammelt alle gerade laufenden Akquisitionsprojekte und unterstützt verschiedene Steuerungsthemen bei der Akquisition von Großkunden in einem sehr übersichtlichen Monitoring. Dazu gehören:

* Planung von Verkaufsvorgaben
* Anzahl der Opportunities (Verkaufschancen)
* Verkaufszyklus/Sales Lead Time
* Erfolgsquote
* Durchschnittliche Auftragsgrößen und das jeweilige Abschlussdatum
* Opportunity-Änderungen
* Management der Umsatzbudgets
* Periodenspezifische Verkaufsprognosen, etc.

Hintergrundinformationen

Für alle der sechs hier vorgestellten Tools gilt, dass sie keinen nennenswerten IT-Aufwand kreieren. Alle diese Tools lassen sich leicht in den gängigen Tabellenkalkulationsprogrammen oder anderen Office-Programmen herstellen und dann anwenden. Viele Unternehmen, für die die Thetis-Akademie arbeitet, kommen hervorragend damit aus. Um mehr Umsatz und Profit zu generieren, sind keine kostspieligen IT-Tools notwendig. Auch dezentrale Organisationen kommen meist mit € 0,00 zusätzlichem Budget für diese Maßnahmen aus. Wenn unsere Kunden schon ein CRM- oder VI-System haben, lässt sich alles Notwendige ohne Aufwand darin implementieren. Viele Unternehmen investieren viel Geld in sog. CRM-Systeme und haben damit eine bessere Adressdatenverwaltung geschaffen, aber selten etwas, das einen echten Verkaufsnutzen produziert. Ist es das wert, € 1,2 Mio. zu investieren, um endlich keine Weihnachtskarten mehr doppelt zu verschicken?

Für das KAM ist eine monatliche Übersicht und Bewertung der einzelnen Sales-Projekte meist ausreichend. Als Selbststeuerungsinstrument für den ADM/KAM/GAM ist die Sales Pipeline genauso unerlässlich wie als Steuerungsinstrument für den Vorgesetzten.

Hintergrundinformationen

Oft wird zur Visualisierung der Sales Pipeline auch ein Trichtermodell verwendet. Wichtig ist nur, dass der Zweck und die Steuerungsmöglichkeiten, die solch ein Instrument bietet, ausgeschöpft und kontinuierlich angewendet werden. Alle Vertriebsorganisationen, die das tun, sind allen anderen weit überlegen. Sie erzielen mehr Verkaufsabschlüsse und im Schnitt höhere Preise. Sie sind in hohem Maße auf ihr Geschäft fokussiert.

1.2.6   True Value Selling

TVS reiht sich in diese Systematiken und Tools, die alle direkt mit einem effektiven und erfolgreichen Verkauf im Großkundenbereich zu tun haben, nahtlos ein und wird im dritten Teil dieses Buches ausführlich an Beispielen beschrieben.

1.3 Interne Zusammenarbeit zur Nutzenstiftung für Großkunden

Key-Account-Management Im Zeitalter dezentraler Organisationen wird die Arbeit für einen ebenfalls dezentral aufgestellten Großkunden nicht eben leichter. Sollten immer nur zwei Unternehmen zusammenarbeiten, die auch nur jeweils an einem Ort mit ihrer Verwaltung und ihrer Produktion ansässig wären, so machte das vieles einfacher.

Aber ein Teil der Herausforderungen, vor denen Unternehmen heute bei der Zusammenarbeit stehen, besteht genau in der effektiven und effizienten Organisation dieser Zusammenarbeit über die verschiedenen Ebenen hinweg. Das divisionale Denken, die mangelnde Kundenorientierung in den Unternehmen sowie die mangelnde strategische Ausrichtung und Führung sorgen gerade bei diesem Thema immer wieder für viele Reibungsverluste und ungute Situationen, die oft der Vertrieb dann „kitten" muss.

In den wenigsten Fällen wird sich ein Unternehmen auf einen Kundenstamm stützen können, bei dem jedem einzelnen Kunden die gleiche Bedeutung für den Unternehmenserfolg zukommt. Meist reicht die Spanne vom Gelegenheitskunden bis zum langjährigen Partner, vom Kleinkunden bis zum Großkunden. Damit verbunden sind natürlich auch unterschiedliche Umsatz- und Ertragspotenziale. Diesen muss bei der Kundenbetreuung unbedingt Rechnung getragen werden. Deshalb werden Kundengruppen segmentiert (s. o.) und differenziert angesprochen, und es werden Stellen geschaffen, die sich möglichst umfassend um die Belange der wichtigsten Kunden kümmern sollen, wie z. B. Key-Account-Manager.

Mit dieser und ähnlichen Verkäuferebenen können die überregionale bzw. globale Verteilung der Kundenentscheidungsebenen und die damit verbundene Komplexität vieler Vertriebsaufgaben sowie die strategische Bedeutung der Kundenbeziehung besser abgebildet werden. Vor allem die Konzentration auf der Kundenseite, die sich in vielen Branchen fortsetzt, verlangt hier nach kompetenter Repräsentation auf Seiten der Lieferantenunternehmen; es ist sinnvoll, eine Verkäuferschicht zu bilden, die die neue Komplexität der Beziehungen auf den drei Fachebenen – Verkauf, Sachthema (Produkte/Leistungen), soziale Kompetenz – angemessen vertritt.

Durch diese Differenzierung bei der Kundenbetreuung können auch Ressourcen im Vertrieb effizienter eingesetzt werden. Hoch qualifizierte Vertriebsmitarbeiter sind in den meisten Branchen sehr schwer zu finden. Gerade auf Grund der geforderten Qualitäten im Key-Account-Bereich sind gute Manager dort Mangelware. Viele Unternehmen versuchen daher, aus eigenen Ressourcen zu wachsen, und bauen über Trainings die erforderlichen Qualifikationen bei besonders geeigneten eigenen Mitarbeitern auf. Es ist unbedingt erforderlich, dass solch komplexe Kundenanforderungen, wie sie heute im Großkundenbereich üblich sind, auch durch Mitarbeiter mit entsprechenden Qualifikationsprofilen abgedeckt werden.

Auf Grund der strategischen Bedeutung der Schlüsselkunden eines Unternehmens kommt auch den Key-Account-Managern eine herausragende Rolle zu. Die Key Accounts sind nicht zuletzt auch besondere Träger von Marktinformationen, die für die künftige Weichenstellung und die Ausrichtung des Unternehmens von besonderer Bedeutung sind. Sie nehmen oftmals Entwicklungen im Markt vorweg und sind Wegbereiter neuer Trends.

1.3.1 Einbindung des Key-Account-Managements

Zur Einbindung des Key-Account Managements in die Unternehmensorganisation sind verschiedene grundsätzliche Überlegungen hilfreich:

1. Soll ein Key-Account-Manager noch andere, zusätzliche Aufgaben haben?

Ab einer bestimmten Kundengröße bzw. Größe des eigenen Unternehmens ist das KAM natürlich ein Fulltime-Job. Selbst bei einer recht geringen Kundenzahl (1–10 bestehende, 30–50 potenzielle) ist die zu leistende Arbeit kaum mit anderen Aufgaben vereinbar und in der Regel sogar nur mit unterstützendem Personal machbar. Es gibt Key-Account-Manager mit nur einem einzigen Kunden, bzw. es teilen sich mehrere Key-Account-Manager sogar einen Kunden. Wie gesagt, diese Zuordnungen sind von Fall zu Fall sehr unterschiedlich. Was sinnvoll ist, ergibt ein Blick auf die Ressourcen und Ziele eines Unternehmens und sollte z. B. mit Segmentierungen untersucht werden.

2. Auf welcher Hierarchiestufe soll das Key-Account-Management verankert werden?

Der Vertrieb sollte tendenziell versuchen, die Entscheidungsstruktur der Kundenseite abzubilden. Die Ansprechpartner und Entscheider des Kunden können aber auf verschiedenen Unternehmensebenen angesiedelt sein. Dies hat unter Umständen Kollisionen innerhalb von divisionalen bzw. Spartenorganisationen zur Folge (Verkäufer/Key-Account-Manager). Wenn wichtige Kunden beispielsweise über mehrere Geschäftsbereiche hinweg betreut werden sollen, müssen die auftretenden Kompetenzprobleme zwischen den Einheiten berücksichtigt werden.

Dabei kann es durchaus sinnvoll sein, wenn der Lieferant mehrere Ansprechpartner für ein Kundenunternehmen benennt. Zunächst sieht das wie ein Verstoß gegen das Prinzip des „One Face to the Customer" aus. Hier ist jedoch nicht die Gesamtzahl der Gesprächspartner für ein Kundenunternehmen wichtig, sondern die Anzahl der Schnittstellen für den einzelnen Kundenmitarbeiter. „One-Face" sollte sich heute auch nicht mehr unbedingt auf eine Person beziehen, sondern vielmehr bedeuten, dass die Kundenerfahrung immer gleich hochwertig sein sollte, unabhängig davon, welchen Kontaktkanal der Kunde wählt.

Grundsätzlich sollte bei der Hierarchiestufe gelten, dass die Position des Key-Account-Managers immer so hoch wie möglich zu wählen ist. Die Ansprechpartner des Kunden sollten mindestens mit ebenbürtigen Mitarbeitern verhandeln. Es kann jedoch nicht sinnvoll sein, wenn die Geschäftsleitung sich um alle vermeintlichen Key Accounts selbst kümmern muss, was sonst der Fall wäre.

3. Wie hoch sollte der Integrationsgrad – Verkauf, (Produkt)-Lösungsentwicklung, Operative, etc. – sein?

Ausgehend von der grundsätzlichen Überlegung einer Integration von Marketing, Vertrieb und Service können darüber hinaus weitere Wertschöpfungselemente direkt auf den

Kunden ausgerichtet sein. Im Sinne der Modularisierung kann eine Integration sehr weit gehen. Sie kann von speziellen Anwendungen auf Basis des bestehenden Leistungsangebots über kundenspezifische Lösungen bis hin zur Übernahme kompletter outgesourcter Bereiche des Kunden reichen. Entscheidend für die organisatorische Positionierung dieser Leistungsschritte ist ein Abwägen zwischen interner Effizienz bezüglich der Leistungserstellung und den Kundenanforderungen. Kundenorientiertheit bedeutet ja die Ausrichtung der einzelnen Funktionsbereiche eines Unternehmens auf den Markt; und letztlich kommt es darauf an. Wie stark deren operative Integration notwendig ist bzw. wie viel Effektivität dafür aus einem guten interdivisionalen Management entsteht, ist von Fall zu Fall zu beurteilen.

4. Wie viel Autorität und wie viel Koordinationsverantwortung soll der Key-Account-Manager erhalten?

KAM können sowohl Stabsstellen als auch Linienfunktionen innehaben, oder sie können sich in Matrixorganisationen die Verantwortung mit anderen Positionen aus dem Marketing teilen, wie z. B. dem Produktmanager. Zudem ist eine gemeinsame Kundenbetreuung mit dem Gebietsverkäufer denkbar. Abhängig vom einzelnen Unternehmen lässt sich dies in gewissem Umfang auch als Entwicklungspfad vorstellen. Bei der Neuinstallation eines Key-Account-Managements kann der KAM zunächst in Form einer Stabsstelle die bestehende Vertriebsmannschaft unterstützen und im Laufe der Zeit immer mehr Verantwortung übernehmen, bis auch er in einer Linienfunktion die formale fachliche bzw. sogar disziplinarische Weisungsbefugnis erhält. Das Ziel dieser Entwicklung wäre immer eine konsequent kundenorientierte Vertriebsgestaltung.

Das Key-Account-Management ist als Kern einer Entwicklung zu einer weitreichenden Einzelkundenorientierung zu sehen und eignet sich besonders zur Erfüllung bestimmter Gestaltungskriterien der Marktbearbeitung und Positionierung.

Tabelle 3.4 gibt einen kleinen Überblick zum Key-Account-Management und zu einigen grundlegenden Charakteristika.

1.3.1.1 Grundsatzentscheidungen

Der Weg zu einer effektiven Zusammenarbeit mit einem Großkunden (Global Account/Key Account) braucht ein systematisches und transparentes Vorgehen bei den Kompetenzen, der Organisation und der Kommunikation.

Die Arbeit für einen Großkunden verlangt häufig die Koordination mehrerer eigener Niederlassungen und mehrerer Standorte des Kunden. Häufig müssen mehrere Länderniederlassungen beider Unternehmen organisatorisch so integriert werden, dass die Aktivitäten vor Ort den Zielen und der Strategie der zentralen Koordinierungsstellen beider Partner entsprechen. In der Praxis führt dies häufig zu Abstimmungsproblemen. Vordergründig könnte man sagen, dass Niederlassungs-Egoismen und das Fehlen gegenseitiger persönlicher Akzeptanz in vielen Unternehmen die interne Zusammenarbeit für einen

Tab. 3.4 Charakteristika des Key-Account-Managements

Kompetenzen	KAM macht die Entwicklung der notwendigen Kompetenzen an der Schnittstelle zu Großkunden möglich. Dadurch wird der Aufbau von Kunden-Know-how erleichtert. Im KAM müssen weitreichende Vertriebs-, Sach- und betriebswirtschaftliche Kenntnisse vorhanden sein, die zur Projektdurchführung befähigen.
Spezifität	Das KAM berücksichtigt in besonderer Weise die Marktgegebenheiten und zwar durch die Orientierung an den Wertschöpfungs- und anderen Nutzenbedürfnissen großer bzw. wichtiger Einzelkunden.
Komplexität	KAM ist besonders für komplexe Projektarbeit geeignet, bei der mehrere Dimensionen, wie die operativen Sachfragen, die internationale Organisation der Zusammenarbeit, aber auch wirtschaftliche Themen, zum Tragen kommen.
Transparenz	Die Nutzung des KAMs steigert die interne und externe Transparenz dadurch, dass es für klare Zuständigkeiten sorgt. Dies gilt vor allem für Organisation und Koordination aller operativen und kommunikativen Schnittstellen.
Kommunikation	Ein gut aufgestelltes KAM kann dafür sorgen, dass die Kommunikation mit dem Kunden koordinierter und – was Themen und Personen angeht – auf adäquatem Niveau verläuft.

strategischen Großkunden erschweren. Und schließlich betrachten ca. 70 % aller Unternehmen die interne Koordination als ein drängendes Problem bei der Arbeit mit Großkunden. Dabei nimmt der sich daraus ergebende Problemdruck mit zunehmender Unternehmensgröße zu. Diese Koordinationsschwierigkeiten sind allerdings nicht nur auf die o. g. Gründe zurückzuführen. Vielfach sind die Ursachen für solche Themen schon in der tiefsten organisatorischen Ebene des Unternehmens, dem Geschäftsmodell selbst, zu suchen, in der Tatsache, dass de facto Dinge angestrebt werden, die sich eigentlich zunächst einmal ausschließen. Wie soll bspw. bei einer Profit-Center-Struktur ein Niederlassungsleiter daran interessiert sein, für einen Key Account zu arbeiten, wenn dies für ihn ein negatives Ergebnis bedeutet? Mit welchen Engelszungen müsste ein KAM da singen? Nicht, dass solche Aufgaben nicht lösbar wären, aber man muss dafür an den richtigen Stellen ansetzen. Dabei kann es nicht genügen, auf das Überzeugungs- oder Überredungsgeschick z. B. eines KAM zu vertrauen.

Um ein gutes Key-Account-Management zu betreiben, bedarf es auch der Klarheit darüber, dass Key Accounts kein „Privatbesitz" einzelner Verkäufer sind, sondern eigentlich externe Unternehmensressourcen, ausgelagertes Kapital, wenn man so will, das systematisch von kompetenten Teams betreut werden muss, für das aber das ganze Unternehmen verantwortlich ist. In der Praxis hat es sich als sehr lohnenswert erwiesen, Key-Account-Teams zusammenzustellen, die – je nach Aufgabe – zusammentreten. Diese Key-Account-Teams und deren Meetings bestehen dann meist aus dem project owner und ad hoc hinzugerufenen Teilnehmern aus den interessierten Funktionsbereichen. Key Accounts bleiben natürlich, was die Akquisition und den Aufbau des Geschäftes aus verkäuferischer Sicht angeht, in der Verantwortung des KAMs; auch was die Rentabilität, die gesamte kaufmännische Steuerung angeht. Aber der Kunde sollte als Kunde des Unternehmens betrachtet werden, der von allen Funktionsbereichen entsprechend betreut werden muss.

Zur Überwindung der organisatorischen Probleme eröffnen sich einem Unternehmen, das Großkunden künftig systematischer bearbeiten möchte, viele Möglichkeiten; die Ausgangslagen sind einfach immer sehr unterschiedlich und daher kann es keine allgemein gültigen Rezepte geben. Wichtig sind aber sicherlich eindeutige, strategie- und aufgabenbezogene Regelungen bzw. Klärungen zu den Themenfeldern:

1. Kundensegmentierung
2. Kundenpriorisierung
3. Geschäftsbeziehungsmanagement
4. Vertriebskanalmanagement
5. Wettbewerbsvorteile
6. Pricing

Außerdem müssen dann sowohl die Mitarbeiter als auch die Führungskräfte in die Lage versetzt werden, ihren Aufgaben auch nachzukommen. Sie müssen ihr Handwerkszeug bekommen und daran ausgebildet werden. Das geht nicht mit zwei Tagen Training im Jahr. Es muss vielmehr ein kontinuierlicher Prozess sein, an dem sowohl externe Berater und Trainer beteiligt sind als auch die Führungskräfte selbst.

Außerdem muss es klare Abgrenzungen zwischen dem KAM- und dem Field-Sales-Bereich geben. Dazu gehören Regeln über die Entscheidungskompetenzen bei der Ansprache und Betreuung der Kunden sowie eine saubere Kommunikation.

Auch bedarf es einer Klarheit im Unternehmen selbst, was die geschäftliche Ausrichtung sein soll und wie diese umgesetzt werden kann (Strategie!). Es ist einfach schwierig, wenn man auf mehreren Hochzeiten gleichzeitig tanzen will (oder manchmal muss): einerseits möchte man der Field-Sales-Organisation keine unnötigen Steine dadurch in den Weg legen, dass man eine weitere Sales-Ebene einzieht, andererseits möchte man durch eine KAM-Organisation ja auf professionelle Weise an die richtig großen Kunden kommen. Meist liegt in der mangelnden Abgrenzung und der mangelnden Kompetenzzuweisung an die KAM und Field-Sales-Manager eines der größten Probleme für die Effizienz der ganzen Vertriebsorganisation eines Unternehmens. Auf der einen Seite Profit-Center mit ihren eigenen Vertriebsmannschaften, auf der anderen Seite KAMs, die meist als Stabsstellen den Zentralen zugeordnet sind – das kann auf Dauer nicht zu den gewünschten Erfolgen führen. Es ist eigentlich eine Zumutung für alle – vor allem für den Kunden.

Je deutlicher ein Unternehmen strategisch ausgerichtet ist, desto weniger solcher Abstimmungsprobleme entstehen. Es braucht dazu aber eine Klarheit über alle Unternehmensebenen und -funktionen hinweg, dass eine vertriebs- und strategiegetriebene Ausrichtung kein neuer Spleen des Management-Boards ist, sondern vielfach die Bedingung dafür darstellt, auch künftig auf hohem Niveau mit dabei sein zu können. Wie viele deutsche Traditionsunternehmen haben in den vergangenen Jahrzehnten erfahren müssen, dass ihre alten

Geschäftsmodelle für das neue, globale Geschäft nicht mehr geeignet sind! Und die Entwicklung ist längst nicht abgeschlossen. Der Prozess der Globalisierung schreitet immer noch voran, auch wenn manche gerne von „Globalität" sprechen, um damit auszudrücken, es handele sich um einen bereits eingetretenen Zustand.

1.3.1.2 Die Außenorganisation

Die auf Absatz ausgerichtete Außenorganisation eines Unternehmens besteht oft aus unterschiedlichen Vertriebsfunktionen und Hierarchieebenen. Bislang haben wir die KAM-Ebene und die Field-Sales-Ebene unterschieden. Sie kann aber auch eingeteilt werden in eigene oder fremde Vertriebsstrukturen. Je nachdem, ob Außendienstmitarbeiter und Innendienstmitarbeiter in einem festen Team arbeiten, kann hier nochmals weiter unterschieden werden.

Die Organisation des Innen- und Außendiensts muss eine effiziente Vertriebsarbeit der einzelnen Mitarbeiter ermöglichen und zugleich eine wirksame Führung gestatten. Hinzu kommt das Erfordernis, die Großkundenbetreuung in diese Organisation entsprechend ihrer Wichtigkeit einzuordnen, da sie sich von der Betreuung der C- und B-Kunden wesentlich unterscheidet. Verfügt ein großes Unternehmen zudem über ein Leistungsprogramm aus sehr unterschiedlichen Produkten für unterschiedliche Zielgruppen, dann besteht auch die Notwendigkeit, unterschiedliche, darauf abgestimmte Vertriebsorganisationen einzurichten und untereinander gut zu vernetzen.

1.3.1.3 Vertriebsleitung

Die Vertriebsleitung eines Unternehmens hat, je nach dessen Größe und Produktprogramm, unterschiedliche Funktionen. Daraus ergibt sich auch ein je unterschiedliches Aufgabenprofil des Verkaufsleiters.

Dennoch gibt es einige Gemeinsamkeiten, die für die meisten Verkaufsleiter in allen Branchen gelten. Zu den wesentlichen Aufgaben gehören:

- Ziele und Vorgaben setzen
- Aufstellung von Aktionsplänen
- Organisation der Arbeit
- Prüfung der Ergebnisse
- Kommunizieren und motivierende Arbeitssettings herstellen
- Verkäufer rekrutieren und managen
- Selbstmanagement
- Strategische Planung (Kunden, Mitarbeiter, Geschäftsfelder)
- Betreuung eigener Kunden

Der Verkaufsleiter ist eine Führungskraft, die über umfassende Markt- und Produktkenntnisse sowie über besondere verkäuferische Fähigkeiten verfügen sollte. Diese Eigenschaften genügen jedoch nicht, um eine Verkaufsorganisation erfolgreich zu führen. Zur

Führungsqualifikation des Verkaufsleiters gehören noch weitere grundlegende Fähigkeiten.

Unter diesen Eignungsmerkmalen muss die Fähigkeit zur Mitarbeiterführung als besonders wichtig hervorgehoben werden. Der Erfolg einer Verkaufsorganisation hängt doch entscheidend von der Aktivierung und Steuerung der Verkäufer ab. Verkäufer, die nicht von ihrer Aufgabe, ihrem Angebot und ihrem Unternehmen begeistert sind, können auch Kunden nicht begeistern. Einen Teil dieser Verantwortung trägt der Verkaufsleiter, einen anderen die Verkäufer selbst.

Hinzu kommt, dass der Verkäufer in der Auseinandersetzung mit schwierigen Kunden zahlreiche Negativerlebnisse zu verarbeiten hat. Diese Situation erfordert Verkaufsleiter, die es verstehen, ihre Mitarbeiter dabei unterstützen, aus einem Stimmungstief wieder herauszukommen.

Die Mitarbeiterführung stellt besonders hohe Anforderungen an die Verkaufsleitung, wenn es sich um einen Außendienst handelt. Außendienstmitarbeiter stehen bei ihrer Arbeit ja nicht unter persönlicher Aufsicht ihres Vorgesetzten. Sie genießen im Gegensatz zum Innendienst einen relativ großen Gestaltungsfreiraum, der natürlich auch leicht missbraucht werden kann. Dieser Gefahr versuchen manche Verkaufsleiter dadurch zu begegnen, dass sie ein straffes Kontrollsystem aufbauen. Diese Maßnahme wirkt jedoch oft sehr demotivierend – ein verhängnisvoller Effekt, da doch einiges getan werden muss, um die Arbeitsmotivation der Verkäufer nicht nur zu erhalten, sondern möglichst noch zu steigern. Die Grenze zwischen Gängelung und notwendiger Kontrolle ist manchmal sehr fein.

Die Außendienstmitarbeiter sind während der meisten Kundengespräche allein. Auf sich gestellt führen sie das Verkaufsgespräch mit dem Kunden. Im Gegensatz zu den Mitarbeitern im Innendienst können sie weder ihre Erfolgs- noch Misserfolgserlebnisse durch das sofortige Gespräch mit Kollegen „verarbeiten". Dadurch entsteht eine besondere Stress- bzw. Arbeitssituation, die vom Verkaufsleiter durch gezielte Kommunikationsaktivitäten mit bearbeitet werden muss.

Für einen guten Verkaufsleiter lassen sich aus meiner Erfahrung drei Prinzipien aufstellen, die gleichermaßen für einen guten Manager gelten können und ihn auszeichnen:

1. Er ist verantwortlich. Es gibt keine Ausreden für Dinge, die seinen Aufgabenbereich betreffen. Er hat alles und in der Tiefe zu wissen, was seinen Bereich angeht.
2. Er hat die Kontrolle und Autorität. Er klagt nicht, wenn es einmal nicht so läuft, wie es sollte. Grundsatz: keine Klagen im Betrieb über Mitarbeiter, den Markt, Kollegen oder Vorgesetzte! Er hat seine Aufgabe und führt sie konsequent und in voller Verantwortung für die Unternehmensziele und seine Mitarbeiter durch. (Wenn es etwas zu besprechen gibt, wird es besprochen; keine Beteiligung am Flurfunk!)
3. Er erreicht, was er sich vorgenommen hat. Exzellentes Management ist keine Geniefrage, sondern im Grundsatz etwas sehr Pragmatisches und Systematisches.

Tipps zur Praxis

Zentrale Management-Themen des Verkaufsleiters: Im Folgenden werden zu den o. g. drei Arbeitsprinzipien sieben zentrale Themen genannt, die für Sie als Verkaufsleiter von entscheidender Bedeutung für Ihre Arbeit sind:

- **Visionen und Werte**: Für welche Vision stehen Sie? Was verbindet Sie und Ihre Arbeit, Sie und das Unternehmen, in dem Sie arbeiten? Was wollen Sie erreichen? Was macht Sie identifizierbar unter hundert anderen Verkaufsleitern? Haben Sie z. B. die Vision, Ihr Team zu einer exzellenten Verkaufsorganisation zu machen, sind Ihre gelebten Werte: Qualität, ethisch hochwertiges Verhalten, Leistungsbereitschaft, Dienst am Kunden? Welche Werte haben Sie persönlich? Weiß Ihre Umgebung, wofür Sie stehen? Versteht Ihre Umgebung, wofür Sie stehen?
- Definieren Sie Ihre **Schlüssel-Bereiche**. Das Pareto-Prinzip gilt auch im Management: 20 Prozent Ihrer Tätigkeiten bewirken 80 Prozent Ihrer Resultate. Wofür werden Sie bezahlt? Entscheidende Ergebnisbereiche beziehen sich auf Resultate, nicht auf Einstellungen oder Verhaltensweisen.
- **Leistungsstandards**: Wie überprüfen Sie, ob Sie die Resultate erreicht haben, für die man Sie bezahlt? Wie messen Sie diese? Machen das Ihre Vorgesetzten auch so? Regel: Ihre Leistungsstandards müssen so sein, dass sie ein objektiver Dritter jederzeit nachprüfen könnte.
- **Entscheidende Erfolgsfaktoren**: Sie sollten sich fragen, welche die entscheidenden Erfolgsfaktoren Ihrer Arbeit sind. Nennen Sie nicht mehr als fünf bis sieben. Bedenken Sie, es handelt sich dabei um Vitalfunktionen Ihres Erfolgs, die so wichtig sind wie das Atmen. Beispiele: profitable Aufträge bekommen, Kundenwerbung, Terminierung, Sympathie aufbauen, Probleme aufdecken und wirkungsvoll lösen, Bedenken und Einwände überwinden, etc.
- **Die größte Hürde**: Wenn Sie an Ihre Ziele denken, was ist dann die größte Hürde, die Sie überwinden wollen? Welcher Teil Ihrer Tätigkeit bestimmt, wie schnell Sie von Ihrem augenblicklichen Standort zum Ziel gelangen? Was bestimmt, wie schnell Sie Ihre Umsatzziele erreichen? Analysieren Sie kontinuierlich die größten Hürden bei sich selbst und in Ihrem Team (keine Ausreden!).
- **Kernkompetenzen**: Über welche Kernkompetenzen verfügen Sie? Damit sind die ein oder zwei Faktoren gemeint, über die Sie und Ihre Firma verfügen, in denen echte USPs begründet liegen. Was war bisher der Grund für Ihren beruflichen Erfolg, den Ihrer Firma, den Ihrer Verkaufsorganisation? Welche Kompetenzen sollten Sie haben und entwickeln?
- **Winning Edge**: Erfolgreiche Personen verdanken ihren Erfolg keinen großen Unterschieden zu anderen, sondern meist nur Randunterschieden. Dies sind die sog. „Winning Edges"; i. d. R. sind sie in gewissen Dingen nur drei Prozent besser. Welche sind Ihre Winning Edges? Entwickeln Sie solche Winning Edges in den

Schlüsselbereichen und sorgen Sie dafür, dass Ihre Mitarbeiter und vor allem Ihre Kunden den kleinen Unterschied zum Wettbewerb wahrnehmen.

1.3.2 Global-Account-Management

Für viele Industrieunternehmen stellt die Zusammenarbeit mit einem Global Account zunächst einmal ein schwerwiegendes Problem dar. Das mag merkwürdig klingen, ist aber angesichts der in der Praxis zu beobachten Phänomene durchaus so. Das fängt schon bei den Sprachbarrieren an und zieht sich über Organisation und Koordination bis hinein in die operative Integration. Viele Unternehmen beurteilen gerade die Integration von Global Accounts in ihre Produkt- und Leistungsentwicklung als unzureichend.

Häufig kennen Lieferanten die konkreten Bedürfnisse, die Entscheidungsstrukturen und die Entscheidungsträger ihrer globalen Schlüsselkunden nicht genau. Es wäre interessant zu untersuchen, welche Verkaufschancen ihnen dadurch entgehen. Viele sehen ihren Wissensstand als „ungenügend" an. Damit fehlen diesen Unternehmen tatsächlich die Voraussetzung und der geeignete Zugang, um Global Accounts mit geeigneten Argumenten für eine intensivere Zusammenarbeit zu gewinnen. Und dabei handelt es sich ja um doch recht oberflächliche Kenntnisse; von der Kenntnis ihrer Wertschöpfungssysteme ist da noch gar nicht die Rede. Dasselbe auf der anderen Marktseite, wenn auch nicht ganz so drastisch: die Wettbewerber. Globale Accounts haben zu wollen, heißt auch, globale Wettbewerber aushalten zu müssen und diese sehr gut zu kennen. Wie in allen Wettbewerbssituationen – das GAM bildet hier keine Ausnahme – ist es für den Verkäufer wichtig zu wissen:

1. Welche Strategie verfolgen die Wettbewerber?
2. Mit welchen Produkten/Services setzen sie ihre Strategie um?
3. Wie lauten die Nutzenversprechen der jeweiligen Produkte/Services/Leistungspakete?
4. Zu welchen Ansprechpartnern beim Kunden haben die Wettbewerber Kontakt/mit welcher Wirkung?

Hintergrundinformationen
GAM = Global-Account-Management

Diese gute Informiertheit klingt zwar nach einer Selbstverständlichkeit, in der Praxis erweist es sich aber fast grundsätzlich so, dass kaum eine Vertriebsabteilung im Field-Sales- oder KAM-Bereich wirklich verwertbare Informationen zu den Wettbewerbern hat. „Verwertbar" hieße, dass sich daraus Ableitungen treffen ließen, die dem eigenen Unternehmen bei seiner Positionierung im konkurrenziellen Umfeld helfen würden.

In **TVS** kommt diesen grundlegenden Informationen, ihrer Beschaffung und dem Aktuellhalten derselben eine zentrale Stellung zu. Denn **TVS** kann nicht nur zur Analyse des eigenen Wertbeitrages genutzt werden, sondern auch für eine entsprechende Wettbewerbsanalyse (s. III. Die Methodik). Die Kenntnisse der Wettbewerbsstrategien, ihrer Produkte und dem damit verbundenen Nutzenversprechen kann dann in den unterschiedlichen Situationen des eigenen Unternehmens verschiedene Vorteile bringen:

1. Der Verkäufer weiß, wogegen er überhaupt antritt. Das macht es grundsätzlich leichter, den Wert des eigenen Angebotes realistisch einzuschätzen. Viele Verkäufer haben tendenziell ein zu gutes Bild von der Leistungsfähigkeit der Wettbewerber und ein zu schlechtes vom eigenen Unternehmen.
2. Die realistische Einschätzung des eigenen Angebotes bewahrt ihn vor vielleicht unnötigen Zugeständnissen.
3. Er vermeidet, dass er viel zu lange einen aussichtslosen Kampf kämpft.
4. Es macht ihm frühzeitig klar, dass dieser Bieterprozess wohl auf einen Preiskampf hinauslaufen wird, und er kann sich entscheiden, ob er das will oder nicht, ob er seine Zeit nicht besser nutzt.

Hintergrundinformationen
Eingebunden z. B. in ein gutes Account Planning.

Wichtig in der Akquisition und Betreuung von Global Accounts ist, dass das Wissen über sie systematisch erarbeitet und über geeignete Kommunikationskanäle (z. B. Vertriebsinformationssysteme) den an der Global-Account-Bearbeitung Beteiligten zur Verfügung gestellt wird.

Beim GAM haben wir es – in Erweiterung zum KAM – vor allem mit zwei besonderen Faktoren zu tun:

1. Ein noch höheres Maß an Komplexität (Internationalität, mehr zu koordinierende Standorte, mehr zu koordinierende Gesprächspartner etc.)
2. Die Aufwände sind nochmals höher bei: Informationsbeschaffung, Kommunikation, Reisen, Organisation etc.

Hinzu kommt eine noch größere Einzelverantwortung pro Mitarbeiter.

Die geschilderten Gründe machen deutlich, dass es sich hier um Aufgaben handelt, die gar nicht anders als mit einem großen und in sich zusammenhängenden Wissen bei den einzelnen Bereichen bewältigbar sind. Daher muss in vielen Vertriebsorganisationen noch mehr in diese Grundlagen investiert werden.

Hintergrundinformationen
Bei unseren Beratungsprojekten zum Thema „Vertriebssteuerung" wird immer wieder deutlich, dass oft zu wenig Aufmerksamkeit auf diesen Teil der Arbeit gelegt wird: Vorbereitende Tätigkeiten werden zumeist wohl als „uneigentliche" Arbeit betrachtet, die die „eigentliche" nur verzögern. Es zeigt sich aber in der Analyse von gescheiterten Vertriebsprojekten im KA- oder GA-Bereich, dass entweder die Vorbereitung insgesamt oder bei einzelnen Phasen oder die Wissensbasis als solche (z. B. bezogen auf Wettbewerber und deren Angebote oder die richtigen Ansprechpartner beim Kunden) nicht ausreichend waren. Dies führt dann immer wieder zu unzureichenden Ergebnissen bei der Abschlussquote.

Immer wieder weisen auch Studien auf den Zusammenhang zwischen einer planmäßigen und systematischen Arbeit an den Strukturen und Grundlagen hin, wenn es um das Erreichen höchster Qualität im Verkauf geht. Wie viele andere Studien davor zeigt auch die hier immer wieder zitierte, dass erfolgreiche Unternehmen ihre Märkte anders bearbeiten als weniger erfolgreiche. Die wesentlichen Erfolgstreiber für Sales-Excellence sind demnach:

- eine klar definierte Vertriebsstrategie, die auch kommuniziert und mit den Betroffenen (jedenfalls teilweise) entwickelt und kontinuierlich besprochen und am „Tagesgeschäft" geklärt wird,
- eine Marktsegmentierung, bei der vor allem die Kundenbedürfnisse im Vordergrund stehen und weniger eigene, regionale Gesichtspunkte,
- eine prozessorientierte Vorgehensweisen im Verkauf, bei der die einzelnen Arbeitsschritte nicht nur definiert sind, sondern ihre Umsetzung jeweils durch Qualifizierungsmodule, Instrumente und Checklisten unterstützt werden,
- die Konzentration aller notwendigen Unternehmensressourcen auf den Kunden, in dem in einzelnen Prozessphasen verschiedene Vertriebsfunktionen und Unternehmensbereiche aktiv in die Kundenbearbeitung integriert werden,
- ein erfolgreich implementiertes Customer-Relationship-Management-System, das auch aktiv für die Kundenbearbeitung im verkäuferischen Sinne genutzt wird,
- die Definition von Deckungsbeitrags-, Produktumsatz- und Kundenzufriedenheitszielen für Verkäufer,
- die permanente Beobachtung und Analyse der Durchführung und Effizienz der einzelnen Vertriebsaktivitäten wie Anzahl der Besuche, Erfolgsquoten und Angebotsvolumen,
- die stärkere Fokussierung auf anspruchsvolle Verkaufssituationen, bei denen entweder erst noch ein Bedarf aufgebaut werden muss oder in denen man sich als hochwertiger Lösungspartner profilieren kann,
- die Qualifikation der Verkäufer. Sie beherrschen situationsspezifisch die richtige Kombination der Register der sozialen Kompetenz, der persönlichen Ausstrahlungskraft und der umfassenden Kompetenz für das Geschäft des Kunden.
- die verkaufsorientierte Ausrichtung des gesamten Unternehmens. Verkauf ist ein „Board Room"-Thema, eine abteilungsübergreifende Aufgabe und jeder Mitarbeiter hat (mehr oder weniger) ein gewisses Selbstverständnis als Verkäufer bzw. wichtiger Repräsentant seines Unternehmens im Kundenkontakt.

Hintergrundinformationen
Die meisten Vertriebsorganisationen, die uns bekannt sind, haben bei dem Thema „Strategie" einen deutlichen Nachholbedarf. Es mangelt meist nicht an Zielen, jedoch wird den dazu notwendigen Maßnahmen meist zu wenig Beachtung geschenkt, und vielfach bleibt es dem einzelnen Vertriebsmitarbeiter überlassen, wie er die Ziele versteht und nach geeigneten Maßnahmen zu deren Erreichung sucht und diese dann umsetzt. Hier wäre es gut, die leitenden Manager würden deutlicher und intensiver in die Formulierung klarer Strategien investieren.

Nutzen Sie diese Liste am besten wie eine Checkliste. Wie verhalten sich diese Elemente einer hervorragenden Ausrichtung im Sales-Bereich in Ihrem Unternehmen?

Bei Unternehmen, die darauf einen großen Wert legen, gibt es Elemente der Marktbearbeitung und Prozesse, die sich deutlich von anderen unterscheiden. So analysieren dort Key-Account-Teams z. B. die Buying-Center der wichtigsten global aufgestellten Kunden weltweit, sie identifizieren Entscheider und Beeinflusser und stimmen die Besuchs- und Networking-Aktivitäten des entsprechenden Selling-Centers darauf ab. Kundenbedürfnisse werden systematisch und in standardisierter Form erfasst, technische Entwicklungsprojekte global initiiert, koordiniert und überwacht sowie aktuelle Umsatz- und Absatzentwicklungen diskutiert und Planabweichungen kommentiert.

TVS ist ein spezifisches Instrument, das im KAM/GAM nationale und transnationale Wertketten analysieren und Verkaufspotenziale auf hohem Niveau definieren kann.

Zudem spielt im GAM die Analyse der Internationalisierungsstrategie der Global Accounts eine Rolle und sollte betrachtet werden. Diese Art der Analyse verdeutlicht dem Lieferanten zum einen den Zusammenhang mit der eigenen Strategie, der für das Ausschöpfen gemeinsamer Synergien entscheidend ist. Zum anderen dient sie natürlich dazu, wichtige Handlungsmotive des Schlüsselkunden zu erkennen. Die Analyse der Wertketten eines Global Accounts kann auch der systematischen Suche nach Optimierungsmöglichkeiten, bei der Verknüpfung von an unterschiedlichen Standorten stattfindenden Wertaktivitäten, dienen.

Ein weiteres wichtiges Instrument im GAM können auch Round-Table-Gespräche mit klaren strategischen Nutzen für Lieferant und Auftraggeber sein. Auch hier gibt es verschiedene Entwicklungsstufen; man kann diese Meetings als Workshops für Lieferant und Auftraggeber durchführen oder auch zwischen dem Lieferanten, seinem Kunden und dessen Kunden. **TVS** ist an dieser Stelle ein hervorragendes Instrument, mit dessen Hilfe gemeinsame Wertschöpfungspotenziale erkannt, analysiert und auch gehoben werden können. Dies ermöglicht es, Umsatz-, Rendite- und Kostenziele eines globalen Schlüsselkunden über seine gesamte Wertschöpfungskette zu verstehen und gemeinsam nach Ideen zu suchen, um eine Win-Win-Win-Situation zu erzeugen, aus der alle Beteiligten Nutzen ziehen.

1.3.2.1 Preis

Vielfach wird von allen an Verhandlungen beteiligten Parteien versucht, über den Preis als solchen Nutzen zu erzielen. Das Preisthema ist also offenbar interessant.

Aus Lieferantensicht sind die Vertriebsstrategie und die Preispolitik eng miteinander verbunden. Wenn beispielsweise der Markt mit Hilfe einer Niedrigpreisstrategie durchdrungen werden soll, müssen Vertriebspartner gefunden werden, die diese Strategie unterstützen. Die Preisbildung wirkt auch auf das für die Vertriebsarbeit so wichtige Produkt- oder Firmenimage. Im Rahmen der Preispositionierung muss ein Anbieter das Preis-Leistungs-Verhältnis festlegen. In der Praxis stößt man häufig auf Preispositionierungen, die in etwa folgender Kategorisierung entsprechen:

- die Premium-Strategie,
- die Mittelklasse-Strategie und
- die Economy-Strategie

Und in bestimmten Situationen (z. B. beim Markteintritt eines Unternehmens oder beim Ausbau des bestehenden Marktanteils) wählen Unternehmen häufig noch andere Positionierungen, die z. B. einen niedrigen relativen Preis mit einer mittleren oder hohen relativen Leistung verbinden. Beispielsweise haben japanische Automobilhersteller beim Eintritt in den deutschen Markt ein besonders günstiges Preis-Leistungs-Verhältnis angeboten, um ihr Eintrittsziel zu erreichen. Häufig bieten Unternehmen auch verschiedene Marken mit unterschiedlicher Preispositionierung an.

Das Preisthema ist in allen Industrien wichtig und wird immer leidenschaftlich diskutiert. Z. B. die Frage, auf welchen Grundlagen die Preisbildung und wie stark überhaupt basieren soll, welche Risiken es gibt und wie stark diese berücksichtigt werden sollten, und dann natürlich darüber, was denn der „Marktpreis" ist.

Der Preis ist natürlich wichtig. Es gibt viele Theorien dazu, ganze Lehrstühle leben davon. Und es ist bestimmt gut zu wissen, dass es ein

- Cost-Based Pricing,
- ein Competitive-Based Pricing und
- ein Value-Based Pricing

oder ähnliche Kategorien gibt. Aber beim Thema „Nutzen" und wie man diesen herstellt gibt es kaum wirklich ausgefeilte Methoden. Auch aus diesem Grunde ist die Kopplung zwischen Preis und Produkt so groß. Viel besser wäre es – auch aus verkäuferischer Sicht – , immer die Kopplung zwischen Preis und Nutzen zu fokussieren. Die enge Kopplung zwischen Produkt und Preis ist das alte Paradigma, könnte man sagen, eines ebenso unprofessionellen Einkaufs bei den Abnehmern wie Verkaufs bei den Lieferanten.

Es ist in dieser Hinsicht schon interessant zu sehen: auch beim sog. „Value-Based Pricing" geht es letztlich nicht um „Wert", sondern die Preisbildung orientiert sich primär an der Zahlungsbereitschaft des Kunden. Es erinnert ein wenig an die Preisbildung im Kunstmarkt. Wer kann schon sagen, was ein echter Van Gogh kostet? Ist er einen Euro Wert oder 20 Millionen? Er erzielt den Wert, den der bestzahlende Kunde dafür bereit ist auszugeben. Und ähnlich verhält es sich beim Value-Based Pricing. Mit „Value" hat das wenig zu tun.

Im KAM und GAM ist es aber wichtig, dass über die Faktoren Preis, Kosten und Nutzen entsprechend nachgedacht wird, wobei Preis- und Kostenrechnungen ja bereits häufig – und auch auf gutem Niveau – in den Unternehmen etabliert sind. Was fehlt, ist die Nutzenbetrachtung. Wenn überhaupt, dann findet dieses Thema seinen Niederschlag in sog. „Nutzwertanalysen" von Kunden, eventuell noch in Deckungsbeitragsrechnungen. Das hat aber nicht viel zu tun mit einer Betrachtung und Analyse der Wertschöpfungsprozesse in einem Kundenunternehmen. Doch nur diese Betrachtung ermöglicht es einem Lieferanten, sowohl verkäuferisch als auch strategisch wirklich relevante Informationen zu erhalten.

1.3.2.2 Anforderungen an den Global-Account-Manager

Zum Schluss dieses Kapitels noch ein paar Betrachtungen zu den Anforderungen an Global-Account-Manager, die gleichermaßen auch für Key-Account-Manager gelten können.

Aus den bisher zum KAM und hier behandelten Fragestellungen ist sicherlich deutlich geworden, dass das GAM kein einfaches Umfeld ist. Dies zeigt sich übrigens auch darin, dass bislang sehr wenig Literatur zu diesem Thema existiert. Vor allem keine, die die tatsächlichen Besonderheiten des GAM in Abgrenzung zum KAM und dem Field Sales thematisierte.

Gleichwohl gibt es ja GAM in einigen großen Unternehmen und es werden auch Personen auf dem Arbeitsmarkt gesucht, die die Herausforderungen dieser besonderen Arbeit auf sich nehmen wollen und können.

Hier die Stellenanzeige eines weltweit agierenden Unternehmens, das einen GAM suchte:

Hintergrundinformationen
Fett hervorgehoben sind die Elemente, die einen besonderen Bezug zum bislang Gesagten haben.

Global Account Manager (m/w) Internationale Großkunden Standorte: Berlin, London, New York Übernehmen Sie globale Vertriebsverantwortung für **einen** unserer wichtigsten Kunden und erarbeiten Sie sich bei den Top-Entscheidern den **Ruf eines vertrauensvollen Ratgebers** in allen Technologiefragen.

Globale Kundenaccounts bei X Die Zusammenarbeit mit internationalen Kunden besitzt für uns keinen Seltenheitswert, sondern **höchste strategische Bedeutung**. Um ein Höchstmaß an **Kundenzufriedenheit** und **nachhaltiges Umsatzwachstum** sicherzustellen, steuern wir sämtliche Aktivitäten in Richtung Global Account von zentraler Stelle. Und Sie sind es, der das Steuer schon bald in den Händen hält: weil Sie der **zentrale Ansprechpartner für die Vorstandsebene des Kunden** in der Unternehmenszentrale sind und **unentbehrliche Lobbyarbeit** leisten. **Ihr Ziel: in sämtliche Planungsprozesse eingebunden zu werden** und die Nutzung von X-Technologien und -Services in der Kundenorganisation sicherzustellen.

Hintergrundinformationen
Der Name des Unternehmens wurde anonymisiert.

Als Global Account Manager werden Sie einen unserer internationalen Kunden mit Hauptsitz in Deutschland betreuen, jedoch auch dessen weitere Hauptbüros in London und New York. Sie **verantworten das Erreichen der Vertriebsquote** und **teilen Ihre einzigartigen Einblicke in die Pläne und Vorhaben des Kunden mit weltweit verteilten Account-Teams**. Auf diese Weise garantieren Sie eine **global einheitliche, abgestimmte und werteorientierte Kundenbetreuung**. Sie sehen: Es erwartet Sie eine Leitungsfunktion auf höchster Ebene – **ohne direkte Mitarbeiterverantwortung**.

Ihre täglichen Herausforderungen

- Sie verantworten den **Auf- und Ausbau von Beziehungen zu den Top-Business-Ent-scheidern** des Kunden (Unternehmenszentrale und Ländergesellschaften) sowie zu unseren eingebundenen Partnern. Durch Ihre regelmäßigen Meetings und Gespräche sind Sie **zu jeder Zeit über die Strategien und Vorhaben des Kunden informiert**. Sprich: **Sie sichern sich einen Platz in den Entscheidungsgremien des Kunden, sodass Sie frühzeitig in seine Geschäftsstrategien eingebunden werden.**
- Nach und nach entwickeln Sie ein **tiefgreifendes Verständnis des Kundengeschäfts** und sind bald in der Lage, die unternehmerischen Herausforderungen punktgenau zu adressieren.
- In Ihrer Rolle als **vertrauensvoller Berater** lenken Sie die strategischen Maßnahmen des Kunden (Geschäftsprozesse) in Richtung unseres Unternehmens und **binden unsere sämtlichen Ressourcen erfolgreich ein.**
- Auf Basis der von Ihnen eruierten Kundenstrategien und -prioritäten **steuern Sie die global verteilten Account-Teams, legen die globale Kundenstrategie** und die **Verantwortlichkeiten fest** und **koordinieren das globale Beziehungsmanagement.**
- Sie **erstellen den Account-Plan** und den **monatlichen Forecast, pflegen und über-wachen die Vertriebspipeline** sowie die **zeitliche und inhaltliche Umsetzung aller Vertriebsmaßnahmen.**
- Da Sie dank Ihrer Kontakte bestens über die **Aktivitäten und Taktiken des Wettbe-werbs informiert sind, sorgen Sie dafür, dass die Konkurrenz das Nachsehen hat.** So positionieren Sie uns als „First Supplier".

Ihr Profil

- Abgeschlossenes Studium und langjährige (10 +) Vertriebs- und Teamleitungserfahrung
- Umfangreiche Praxis in der **Vertriebs- und Partnersteuerung** – über Länder und Bereiche hinweg
- Die Fähigkeit, **nachhaltige Kontakte auf höchster Ebene** auf- und auszubauen
- **Kommunikations-, Präsentations-** und **Verhandlungsstärke**
- Einblicke in die **Geschäftsprozessberatung** und ins Thema Automatisierung
- Fundiertes Wissen (**auf Basis von Finanzkennzahlen, Geschäftsberichten, Branchen-und Analystenreports**) über die von Ihnen betreute Industrie

Ist dies nicht ein herausforderndes Profil? Die Rekrutierung von geeigneten Global-Account- oder Key-Account-Managern beziehungsweise Teammitgliedern ist nicht einfach. Nicht zuletzt deshalb, weil es aufgrund der fehlenden Aus- und Weiterbildungsmöglichkeiten für Menschen mit geeigneten Anlagen kaum wahrscheinlich ist, einen auch nur annähernd hinreichenden Bewerbermarkt dafür zu haben.

Für die meisten Unternehmen wäre es daher gut, in entsprechende Systeme und Menschen zu investieren, sie aufzubauen und alles dafür zu tun, sie zu halten. Von ihren Anlagen her geeignete Menschen müssen über wirklich besondere Fähigkeiten verfügen, um Schlüsselkunden erfolgreich zu bearbeiten. Neben dem technischen Fachwissen bedarf es eines ausgeprägten kundenspezifischen Wissens (siehe die obige Stellenanzeige; das Wissen und die soziale Vernetzung müssen so ausgeprägt sein, dass maßgeblicher Einfluss genommen werden kann.) Solche Kandidaten müssen das Geschäft, die Bedürfnisse, die Entscheidungsstrukturen und die entscheidenden Personen auf Kundenseite kennen und verstehen und sie müssen einen ausgeprägten horizontalen und vertikalen Vernetzungsgrad im eigenen und im Kundenunternehmen haben.

Die für einen Schlüsselkunden verantwortlichen Manager oder Teamleiter sind außerdem sehr auf die Unterstützung ihrer Kollegen vor Ort angewiesen, meist, ohne Weisungsbefugnis zu haben (siehe die obige Stellenanzeige). Sie benötigen also eine ausgeprägte Sozialkompetenz, die es ihnen ermöglicht, unterschiedliche Charaktere und Hierarchieebenen informell zu führen und zu motivieren.

Dabei erhöhen die im internationalen Geschäft auftretenden unterschiedlichen Mentalitäten bzw. kulturelle Komponenten die Komplexität der Situation zusätzlich.

Es wird nachvollziehbar, warum die Rekrutierung geeigneter Manager für diese anspruchsvolle Aufgabe viele Unternehmen vor ein großes Problem stellt. Schon das nationale Key-Account-Management ist fordernd bei der Rekrutierung geeigneten Personals und bedarf hervorragend informierter und erfahrener Recruiter (sowohl auf Seite der Berater als auch auf Seite der Unternehmens-HR).

Die internationale Perspektive selbst führt zu einem zusätzlichen qualitativen Sprung, der zu leisten ist. Allein das Problem der Fremdsprachen stellt selbst auf hohem Mitarbeiterniveau vielerorts ein Problem dar, da eine Fremdsprache allein für solche Aufgaben oft nicht genügt. Das jedoch ist wenigstens ein Problem, das sich relativ leicht durch entsprechende Kurse beheben lässt.

Gravierender sind die intellektuellen, emotiven, sozialen, betriebswirtschaftlichen und verkaufstechnischen Mängel, die in solchen Positionen oft nur über langwierige, sowie kostspielige Maßnahmen ausgeglichen werden können.

Bei der interkulturellen Kommunikationsfähigkeit handelt es sich nur um eine Facette der interkulturellen Kompetenz. Die interkulturelle Sensitivität, die darin besteht, sich in andere Denkkulturen ohne Wertungen einzufühlen, die Kenntnisse über unterschiedliche Bewertungen von persönlichen Beziehungen, die als interkulturelles Wissen bezeichnet werden, sowie das sogenannte interkulturelle Perzeptionsvermögen, das sich beispielsweise auf die Interpretation symbolischer Handlungen bezieht, sind weitere wichtige Teilkompetenzen. Der GAM sollte sich in unterschiedlichen Kulturen und Kulturmixes souverän bewegen können. Früher verlangte man dies nur von Diplomaten. Diese Figur macht aber gut deutlich, welche Form von Weltläufigkeit hier verlangt ist.

Literatur

VDI-Studie: Kundenzufriedenheit und Kundenwert. Manfred Krafft, Sieghard Marzian.

True Value Selling: Die Methodik

Inhaltsverzeichnis

1 Hinführung zur Methodik

TVS ist eine Methodik, die für die Großkundenakquisition und -betreuung entwickelt wurde, für KA- und GA-Kunden. Sie bietet vor allem mehrere Möglichkeiten einer vertieften und professionalisierten wirtschaftlichen Beziehung zwischen Key-Account-Unternehmen und Lieferant. Sie ist auf gegenseitige Wertschöpfung angelegt und liefert eine stringente Vorgehensweise, um Wertschöpfungspotenziale aufzufinden und zu beiderseitigem Nutzen für Lieferant und Kunde zu erschließen. Diese Hinführung zur Methodik soll den Umgang mit den dann folgenden Beispielen erleichtern.

Um profitabel zu wachsen, können Unternehmen bekanntermaßen ihre Kosten reduzieren und/oder ihre Erträge steigern. Alle Aktivitäten, um dies zu bewirken, liegen klassischerweise in der Verantwortung des betreffenden Unternehmens; ein Lieferant aber, der sich als strategisch bedeutsamer Zulieferpartner positionieren will, muss sich Gedanken darüber machen, wie seine Rolle bei diesen entscheidenden Themen seines Kunden sein soll. Beschränkt er sich nun auf die klassische Lieferantenrolle, so wird er auch von seinem Kunden so gesehen: der kauft bei ihm ein, versucht dies zu immer besseren Preisen und bemüht sich dann, mit der gekauften Ware oder den Dienstleistungen seine ökonomischen Zielstellungen so gut als möglich zu erreichen.

Diese Lieferantenrolle ist auf lange Sicht gefährlich. Sie führt nahezu zwangsweise dazu, dass das Unternehmen in den roten Bereich gerät. Diese Bewegung wird aber immer wieder dadurch kaschiert, dass es konjunkturelle Aufwärtsbewegungen gibt, bei denen man gar keinen guten Verkauf haben muss, wo man einfach nur dabei sein und einigermaßen liefern können muss. Als Lieferant jedoch Klarheit über die Gewinn treibenden Faktoren seines Kunden zu haben (Anhebung der Preise, Senkung der variablen Kosten, Anhebung der Absatzmenge, Senkung der Fixkosten) und gleichzeitig darüber, welchen Wertbeitrag man selbst dazu leistet, macht nicht nur einen exzellenten Lieferanten aus, sondern ist auch die Grundlage für eine echte strategische Partnerschaft.

Um das als Lieferant leisten zu können, bedarf es mehrerer, wenn auch nicht vieler Instrumente. Dazu gehört z. B. die Key-Account-Analyse. Sie soll dafür sorgen, dass der KAM Möglichkeiten an die Hand bekommt, mit deren Hilfe er ein Key-Account-Unternehmen unterstützen kann, seine verschiedenen unternehmerischen, geschäftlichen, finanziellen und marktpolitischen Zielsetzungen zu erreichen. Die Analyse ermöglicht es dem Key-Account-Manager, die gesamte Bandbreite der Chancen und Gefahren, die sich in Bezug auf das Key-Account-Unternehmen ergeben, zu identifizieren. Diese Erkenntnisse, einhergehend mit der Analyse der Konkurrenzunternehmen und des Zulieferunternehmens selbst, führen zu einer Reihe von strategischen Entscheidungen, die sich darauf beziehen, welche Chancen genutzt werden sollten und welche ungenutzt bleiben, welchen Gefahren entgegengewirkt werden muss und welcher strategische Ansatz schließlich verfolgt wird.

Dabei ist die Aufgabe des Key-Account-Managers, in vier Bereichen nach Informationen zu suchen und entsprechende Analysen durchzuführen.

Die grundlegenden Themenfelder einer Key-Account-Analyse sind:

1. die strategische Key-Account-Analyse,
2. die Identifikation und Entsprechung der Key-Account-Bedürfnisse,
3. die Analyse der Werte des Kunden und
4. die Analyse seines Kaufverhaltens.

Hier soll vor allem auf die strategische Analyse eingegangen werden. Eine strategische Key-Account-Analyse ist vor allem für solche Unternehmen von Bedeutung, die Qualitätszulieferer oder Partner eines Key-Account-Unternehmens sind oder werden wollen. Der KAM muss die Strategien und Zielsetzungen des Key-Account-Unternehmens bzgl. der Wertschöpfung verstehen und auch deren Erfolgsaussichten richtig einschätzen können. Nur so kann er vernünftige Entscheidungen dahingehend treffen, wie das Zulieferunternehmen dem Key-Account-Unternehmen helfen kann, seine Ziele zu verwirklichen. Damit die für die Durchführung der Analyse benötigten Daten im richtigen Umfang und mit der notwendigen Tiefe zur Verfügung stehen, sollte der KAM versuchen, mit dem strategischen Planungsprozess im Key-Account-Unternehmen vertraut zu sein. Ein KAM sollte also versuchen, gemeinsam mit den Führungskräften des Key-Account-Unternehmens an einem Tisch zu sitzen, wenn diese über die zukünftige Richtung des Unternehmens entscheiden. Der Manager sollte nicht nur passiver Empfänger von Informationen über das Key-Account-Unternehmen sein. Seine Initiative sollte dahin gehen, das Key-Account-Unternehmen auf hohen und höchsten Entscheiderebenen strategisch zu begleiten; z. B. durch die Einrichtung eines Strategie-Zirkels.

1.1 TVS – Ein System zum gegenseitigen Nutzen

Durch eine enge Zusammenarbeit kann es den Mitarbeitern von Key Account und Zulieferunternehmen gelingen, kreative Ansätze zu finden, die die Wettbewerbssituation beider Seiten erheblich verbessern.

TVS ist ein sog. „Mutual Benefit Creation System". Es ist darauf ausgerichtet, genau das zu erreichen.

1. TVS legt die inhaltlichen Zusammenhänge der finanziellen Wertschöpfungsarchitektur eines Key-Account-Unternehmens offen.
2. Der logische Zusammenhang dieser Wertschöpfungsarchitektur wird evident und damit wird sie bearbeitbar gemacht.
3. Kommunikation: TVS liefert damit die Grundlage für eine saubere inhaltliche und logische Verkaufskommunikation im Top-Kunden-Segment – und zwar sowohl im Sinne der Kunden- als auch der Lieferanteninteressen!
4. Für den Lieferanten ist TVS ein entscheidender Beitrag zur Preisdurchsetzungskompetenz.
5. TVS liefert die Grundlage für eine erfolgsrelevantere Strategie im Verkauf bei der Gesamtaufstellung im Bereich „Großkunden".
6. Damit wird die Grundlage für echte strategische Partnerschaften (Mutual Benefit Alliance) zwischen Key-Account-Unternehmen und ihren Lieferanten gelegt.

Der besseren Einordnung von TVS wegen seien hier kurz das Instrument der strategischen Analyse und ihre Themenfelder erläutert. Diese beinhaltet 5 Themenfelder:

1. Mission Statement des Kunden Das Mission-Statement des Key-Account-Unternehmens gibt Auskunft über den weitergefassten Bereich, innerhalb dessen das Unternehmen nach Geschäftschancen sucht. Das Mission-Statement, oft auch als die „Markt-Produkte-Perspektive" bezeichnet, sollte die gegenwärtigen und potenziellen Geschäfte eines Key-Account-Unternehmens klar und präzise beschreiben.

2. Die externe Analyse Die externe Analyse ist Grundlage dafür, Chancen und Gefahren identifizieren zu können, mit denen sich das Zulieferunternehmen im Hinblick auf das Key-Account-Unternehmen auseinandersetzen muss. Die 5 dazugehörigen Einzelanalysen sind:

a) die Marktanalyse,
b) die Umfeldanalyse,
c) die Analyse der Wettbewerbsstruktur,
d) die Analyse der Konkurrenten und
e) die Analyse der Kunden des Key-Account-Unternehmens.

Der letzte Punkt schließt das Verständnis der Wertschöpfungsprozesse des Kundenunternehmens ab und wird häufig vernachlässigt.

3. Die interne Analyse Neben umfassenden Kenntnissen über die externe Realität des Key Accounts muss der KAM die strategische Vorgehensweise (die Auskunft darüber gibt, wie das Unternehmen dem externen Umfeld begegnet) des Key-Account-Unternehmens und seine Kompetenz-Level kennen.

4. Die strategische Analyse Die Analyse der strategischen Vorgehensweise schließt ein Verständnis der Zielsetzungen, der Strategie und der Handlungskonzepte des Key Accounts ein.

5. Die Wertschöpfungsanalyse Der Zweck eines jeden Unternehmens ist es vor allem, wirtschaftliche Werte zu schaffen. Daher kommt der ökonomischen Betrachtung eines Unternehmens unter strategischen Blickwinkeln die größte Bedeutung zu. Der KAM muss daher ein umfassende Verständnis dafür haben, wie das Unternehmen überhaupt und speziell in dem von ihm verantworteten Bereich seine Wertschöpfung betreibt. Dazu gehören Themen wie

a) die Einkaufspolitik,
b) die Kriterien für eine strategische Lieferantenauswahl,
c) die Analyse der zu Wertschöpfungs-Clustern kombinierten Elemente,
d) die Analyse der Wertschöpfungsprozesse beim Kunden und dem eigenen Unternehmen, um daraus ableiten zu können, ob eine gemeinsame Wertschöpfungsarchitektur möglich ist. (Dies wäre die Grundlage einer echten, weitgehenden strategischen Partnerschaft.)

TVS ist das am besten geeignete Tool, um diese Wertschöpfungsanalyse vorzunehmen. Eine der Hauptkennzahlen, die sich mit Wertschöpfung befasst, ist der ROI. Daneben ist für TVS auch EVA bzw. Teile aus dem EVA-Baum interessant.

Hintergrundinformationen
Return on Investment

Hintergrundinformationen
Economic Value Added

Für die meisten Unternehmen ist eine Optimierung des ROI hinreichend, um den Shareholder-Value zu maximieren. Eine genauere Analyse der Berechnung des ROI kann darum dem KAM helfen, den Shareholder-Value des Key-Account-Unternehmens zu vergrößern bzw. sie kann Wege aufzeigen, das Kundenunternehmen dabei zu unterstützen, Umsatz-, Rendite- und Kostenziele besser zu erreichen. Mit dem großen Vorteil für den Lieferanten, dass seine Preise dadurch weniger im Fokus stehen; vorausgesetzt, die Anteile an den eben genannten Zielen durch seine Produkte und Dienstleistungen sind bedeutend. Der ROI kann beschrieben werden z. B. als:

ROI = Gewinn/Investitionen
ROI = (Umsatzerlöse – Kosten)/Investitionen
ROI = ([verkaufte Einheiten × Preis] – Kosten)/Investitionen

Die Aufschlüsselung der Berechnung des ROI erschließt mehrere Möglichkeiten, den Umsatz sowie die Rendite des Key-Account-Unternehmens zu erhöhen bzw. seine Kosten zu senken. Einige der Möglichkeiten, die mit TVS erschlossen werden können, seien hier erwähnt; sie werden später an Beispielen im Detail gezeigt.

1. Den Absatz der verkauften Einheiten steigern

Hier steht ein Zuwachs der verkauften Einheiten im Mittelpunkt. Dem Zulieferunternehmen stehen vielfältige Mittel zur Verfügung, um das Key-Account-Unternehmen zu unterstützen:

Zulieferteile: Das Key-Account-Unternehmen erhält hochwertigere Materialien/Maschinen/Dienstleistungen und produziert im Gegenzug höherwertige Produkte, die einen Anstieg der Nachfrage zur Folge haben.

Produktmerkmale: Erzeugnisse des Key-Account-Unternehmens werden um Produktmerkmale ergänzt, die von dessen Kunden gewünscht werden.

Neue Produkte: Die Entwicklung neuer Produkte, die es wiederum dem Key-Account-Unternehmen ermöglichen, seinerseits neue Produkte zu produzieren, die die Angebote der Wettbewerber übertreffen oder neue Marktsegmente bedienen. Oder: Leistungsfähigere Produkte (z. B. im Maschinen- und Anlagenbau), die eine größere Ausbringungsmenge und damit ein größeres Absatzvolumen ermöglichen.

Markforschung: Engagement für die Marktforschung, damit das Key-Account-Unternehmen ein weitreichenderes Verständnis seiner Märkte erlangen und somit den Absatz der verkauften Einheiten steigern kann.

2. Preise erhöhen

In diesem Fall agiert das Zulieferunternehmen so, dass es dem Key-Account-Unternehmen möglich ist, die Preise für seine Kunden zu erhöhen. Folgende Maßnahmen kann der Lieferant dafür ergreifen:

Anstieg der Nachfrage: Im Großen und Ganzen entsprechen die Initiativen, die das Zulieferunternehmen ergreifen kann, denen, die zuvor besprochen wurden. Allerdings mit der Ausnahme, dass das Key-Account-Unternehmen hier die Entscheidung trifft, die Preise zu erhöhen, und dabei eine geringere Absatzmenge akzeptiert.

Eine Veränderung der Produktpalette: Der Lieferant kann sein Produktangebot optimieren, damit die Produkte seiner Key-Accounts höhere Preisen am Markt erzielen können.

3. Kosten senken

Allgemein stehen dem Zulieferer sechs Möglichkeiten zur Verfügung, die dem Key-Account-Unternehmen helfen können, seine Kosten zu senken. Die einzige, die tabu ist, sind die Preise des Lieferanten. Einige dieser Maßnahmen erfordern bestimmte Aktivitäten im Key-Account-Unternehmen, andere an der Schnittstelle zwischen Zulieferunternehmen und Key Account. Die Frage für den Lieferanten ist immer: Was können wir tun, damit unser Kunde eine vorteilhafte Gesamtkostensenkung durch uns erreicht (im Sinne eines Total Cost of Ownership-Ansatzes)?

Hintergrundinformationen

Die Idee beim TCO-Ansatz ist es, eine Betrachtung anzulegen, die nicht nur die Anschaffungskosten enthält, sondern alle Aspekte der späteren Nutzung (Energiekosten, Reparatur und Wartung) der betreffenden Anlagen oder Komponenten. Dadurch können sowohl bekannte Kostentreiber als auch versteckte Kosten möglicherweise bereits im Vorfeld einer Investitionsentscheidung identifiziert werden. Wichtigste Grundlage für das weitere Verständnis der TCO ist die Unterscheidung zwischen direkten und indirekten Kosten.

Der Vollständigkeit sei darauf hingewiesen, dass hier „TCO" gebraucht wird wie „LCC". Beim sog. „Life Cycle Costing" sind die Transaktionskosten von untergeordneter Bedeutung, da die Betriebs- und Anschaffungskosten um ein Vielfaches höher sind. TCO hingegen wird oft z. B. bei kleineren Investitionen, bei Verbrauchsgegenständen (Schrauben, Fett), Services, etc. verwendet, bei denen die Transaktionskosten nicht vernachlässigbar sind.

Die Senkung bestimmter Ausgaben: Das Lieferunternehmen kann zum Beispiel seine Zahlungsbedingungen modifizieren. Zusätzlich können günstigere Vereinbarungen in Bezug auf die Einnahmen, die Lagerbestände des Key Accounts und so weiter getroffen werden.

Eine Reduzierung der direkten Betriebskosten: Durch eine Modifizierung seiner Produkte und Prozesse kann es dem Zulieferunternehmen gelingen, die im Key-Account-Unternehmen anfallenden Kosten zu senken. Qualitativ hochwertigere Produkte zum Beispiel können helfen, die durch den unnötigen Einsatz von Ressourcen, durch Nachbesserungen, Terminprobleme und Garantieleistungen entstehenden Kosten im Key-Account-Unternehmen zu senken. Eine Qualitätsüberwachung der im Zulieferunternehmen gefertigten Teile kann die Kosten der Überwachung im Key-Account-Unternehmen senken. Ein nur wenig modifiziertes Produkt und/oder die Bereitstellung von Baugruppen anstelle von einzelnen Fertigteilen kann einzelne Fertigungsschritte im Key-Account-Unternehmen überflüssig werden lassen. Zudem kann das Zulieferunternehmen Arbeit im Bereich Forschung und Entwicklung für seinen Key-Account-Kunden durchführen.

Die Reduzierung der direkten administrativen Kosten: Die Geschäfte mit den Zulieferunternehmen können kostspielig für das Key-Account-Unternehmen sein. Mitarbeiter des Key Accounts könnten zum Beispiel viele Anrufe von verschiedenen Vertriebsmitarbeitern des Zulieferers erhalten und eventuell müssen viele verschiedene Rechnungen beglichen werden. Eine Vereinfachung der Abläufe an der Schnittstelle zwischen Zulieferer und Key Account birgt beachtliche Einsparungspotenziale. Viele Unternehmen nutzen mittlerweile auch das Internet, um die administrativen Kosten zu senken, die sich im Verkehr zwischen den Unternehmen ergeben.

Die Reduzierung der indirekten Betriebskosten: Im Zuge der Arbeit mit dem Key-Account-Unternehmen können der KAM und andere Teammitglieder eventuell Einsparungsmöglichkeiten finden, die nur im indirekten Bezug zu den eigentlichen Produkten des Zulieferers stehen. Das Zulieferunternehmen zum Beispiel kann sein Expertenwissen und seine Marktmacht ausnutzen, um preiswerte Rohstoffquellen für das Key-Account-Unternehmen ausfindig zu machen. Auch ein Besuch der Fertigungsstätten des Key Accounts durch erfahrene Teammitglieder kann helfen, Einsparungsmöglichkeiten ausfindig zu machen.

Die Reduzierung indirekter administrativer Kosten: Auf ähnliche Weise kann es dem KAM und seinen Teammitgliedern gelingen, Möglichkeiten zu finden, die nur in indirektem Bezug zum Zulieferunternehmen stehen. Das Key-Account-Unternehmen kann zum Beispiel davon profitieren, das Planungssystem oder das Lagerkontrollsystem des Lieferanten zu übernehmen.

4. Die Investitionen reduzieren

Der Fokus ist hier auf die fixen Investitionskosten und das aktuelle Investitionsaufkommen gerichtet.

Einsparungen im Bereich fixer Investitionskosten: Lagert ein Key Account einige seiner Produktions- oder Dienstleistungsaktivitäten zum Zulieferer aus, kann das Unternehmen seine

Investitionen verringern. Das Zulieferunternehmen kann zum Beispiel vormontierte Baugruppen statt einzelner Zulieferteilen liefern oder weiter verarbeitete Rohstoffe, die helfen, Produktionsschritte überflüssig zu machen und den damit verbundenen fixen Investitionsumfang zu verringern.

Reduktion der **Investitionsaufwendungen** *für die Lagerhaltung:* Das Zulieferunternehmen kann den Investitionsumfang des Key-Account-Unternehmens verringern, indem es Just-in-time- (JIT-)Systeme einführt.

Finanzierungspakete: Attraktive finanzielle Vereinbarungen können die Kapitalbelastung des Key-Account-Unternehmens reduzieren. Möglich ist hierbei, dass das Key-Account-Unternehmen Produkte vom Zulieferer z. B. über Leasing bezieht, auf die es sonst verzichtet hätte.

Diese allgemeinen Vorgehensweisen können gewählt werden, um den Kunden dabei zu unterstützen, seine Wirtschaftlichkeit zu erhöhen. Drei Optionen davon zielen darauf ab, die Einnahmen zu erhöhen bzw. das derzeitige Umsatzvolumen zu halten – durch angehobene Preise, eine Verbesserung des Produktmix oder eine Verbesserung der Produkte selbst. Die anderen Optionen richten sich auf die Kostenreduzierung sowohl der operationalen als auch der Investitionskosten.

2   Arbeitsteil

Erläuterungen zu Abb. 4.1   Porters Wertkettenmodell stellt in seiner Grundform die Stufen der Produktion als eine Reihe von ineinander greifenden Tätigkeiten dar. Diese Tätigkeiten schaffen Werte, verbrauchen Ressourcen und sind in Prozessen miteinander verbunden. Dieses Konzept wurde erstmals 1985 von Michael E. Porter in seinem Buch *Competitive Advantage* veröffentlicht. Dort schreibt er: *„Jedes Unternehmen ist eine Ansammlung von Tätigkeiten, durch die sein Produkt entworfen, hergestellt, vertrieben, ausgeliefert und unterstützt wird. All diese Tätigkeiten lassen sich in einer Wertkette darstellen.“* (Porter 1985)

Die im Grundmodell dargestellten Zusammenhänge sind theoretisch wertvoll und bedenkenswert. Die Fragen, die sich daraus für den Vertrieb des Lieferantenunternehmens ergeben, lauten: Welche Konsequenzen hat dies für uns? Was davon müssen wir verstehen, um unseren Verkauf an diesen Kunden zu verbessern?

Ergänzt man zu dem Grundmodell noch die Umfeldbedingungen (s. Abb. 4.1), innerhalb derer die primären und sekundären Wertschöpfungstätigkeiten eines Unternehmens geschehen, wird sehr schnell klar, dass man vieles wissen kann und sollte, jedoch geschickt auswählen muss, um nicht die Übersicht zu verlieren. Schließlich geht es darum, verkäuferisch erfolgreich zu sein. Das geht nicht mit komplizierten Systemen, Werkzeugen oder Ansätzen.

Akademische Ansätze versuchen meist das, was sich ereignet, zu verstehen. Sie liefern Erklärungsmodelle für die Realität. Womit sich die meisten dieser Ansätze schwertun, ist

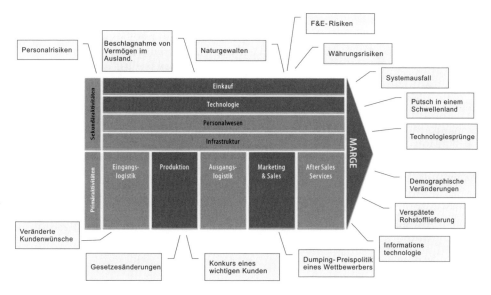

Abb. 4.1 Die Wertekette nach Porter | Komplex und Real

die Ableitung von für die Praxis tauglichen Werkzeugen. Es fehlt einfach an praktischer Erfahrung.

Sinnvollerweise geht man so vor, dass jedes einzelne Einflussfeld auf seine Bedeutung für den eigenen Sales-Prozess hin betrachtet wird und dann untersucht wird, welche Faktoren bedeutsam, welche wahrscheinlich zu vernachlässigen sind.

Wichtig ist, dass man dies natürlich auf das eigene Unternehmen bezogen tut und hierfür das eigene Nutzenversprechen, die eigenen Möglichkeiten und die eigene Strategie berücksichtigt. Die notwendigen Analysen sollten nicht zu kompliziert und akademisch werden. Allerdings hängt einiges von ihrer Genauigkeit und Ernsthaftigkeit ab.

Diese Analysen sollten darauf fokussieren, die Wertschöpfungsprozesse der Kundenunternehmen verstehen zu wollen, dann werden sie auch anwendbare Ergebnisse liefern.

Erläuterungen zu Abb. 4.2 Abbildung 4.2 stellt einige der wichtigsten Nutzen für Lieferant und Kunde dar.

TVS ist darauf ausgerichtet, die Wertschöpfungszusammenhänge zu verstehen, die zur Erreichung der drei wirtschaftlichen Hauptziele eines Unternehmens führen:

1. Umsatzerhöhung
2. Renditeerhöhung
3. Kostensenkung

Der Lieferant, der einen relevanten Nutzen stiften will und über den er sich im wettbewerblichen Umfeld besser positioniert, muss verstehen, wie sein Kunde überhaupt öko-

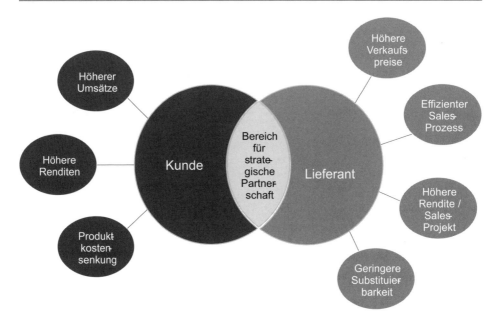

Abb. 4.2 Nutzen für Kunde und Lieferant

nomische Werte schafft, die sich in bilanzwirksam oder in der G + V-Rechnung niederschlagen. Nur wenn er das verstanden hat, kann er weitergehende Strategien entwickeln,
die dann festlegen, mit welchen Mitteln dies von seiner Seite geschieht bzw. geschehen soll
und die zeigen, wie hoch der Wertbeitrag im Einzelnen ist.

Für den Lieferanten wiederum ergeben sich aus solch einer strategischen Aufstellung
verschiedene Nutzen, die sich einerseits auf das Außenverhältnis zu seinem Kunden beziehen, anderseits in der Binnenbetrachtung wirksam werden.

Dazu gehören:

1. die Realisierung höherer Verkaufspreise,
2. die Gestaltung effizienterer und damit auch kostengünstigerer Sales-Prozesse,
3. die Realisierung höherer Renditen/Sales-Projekt,
4. eine geringere Substituierbarkeit.

Erläuterungen zu Abb. 4.3   Die Methodik des TVS kennt drei sog. „Arbeitsebenen".

Wenn man beginnt, sich mit TVS zu befassen, ist es gut zu wissen, dass es hier drei
unterschiedliche Ebenen der Durchdringung bei den Wertschöpfungsprozessen der Kundenunternehmen geben kann.

1. Ebene: Hier findet eine erste, allgemeine Analyse möglicher Wertschöpfungsverzah-
   nungen statt. Die Blickrichtungen sind: Umsatz, Rendite und Kosten. „Allgemein"

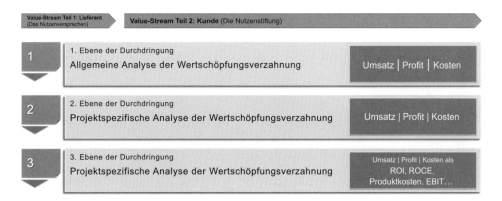

Abb. 4.3 TVS. Die 3 Ebenen der Durchdringung

heißt, dass diese Betrachtung noch nicht bezogen ist auf ein spezielles Projekt, das diese Business Unit verfolgt. Vielmehr wird untersucht, wie diese BU/das Unternehmen überhaupt die Wertschöpfungsziele seiner Kunden positiv beeinflusst und wie dieser Wertbeitrag ist.

2. Ebene: Hier werden projektbezogen die Wertschöpfungsverbindungen eines Unternehmens bzw. einer BU erschlossen. Die Blickrichtungen sind auch wieder: Umsatz, Rendite und Kosten.

3. Ebene: Hier werden ebenfalls projektbezogen die Wertschöpfungsverbindungen aufgeschlossen. Die Blickrichtungen sind bestimmte ökonomische Kennzahlen, die sich auf Umsatz, Rendite und Kosten beziehen. Solche Kennzahlen können sein: ROI, EBIT, EVA etc. Auch einzelne Elemente daraus (z. B. aus dem ROI-Baum) sind oft sinnvoll zu betrachten.

Hintergrundinformationen
Business Unit wird künftig mit der Abkürzung „BU" wiedergegeben.

Wichtig: Alle Ebenen der Durchdringung schärfen den Blick für die ökonomischen Zusammenhänge zwischen der eigenen Leistung eines Lieferanten und den Auswirkungen dieser Leistung auf die ökonomischen Zielstellungen eines Kundenunternehmens. Diese ökonomischen Zusammenhänge zu analysieren, zu verstehen und in Verkaufsstrategie umzusetzen ist äußerst erfolgsrelevant.

Am besten geht man auch in dieser deduktiven Weise, also vom Allgemeinen zum Besonderen vor, da der Grad der Beschäftigung mit dem Kundenunternehmen damit auf „natürliche Weise" zunimmt und das Gefundene verstanden werden kann.

Erläuterungen zu Abb. 4.4 Aufbau der TVS-Matrix Die folgenden Abbildungen zeigen Schritt für Schritt, wie die TVS-Matrix aufgebaut ist. Als Beispiel dient hier das TVS-Projekt eines weltweit tätigen Logistikkonzerns (Global Account Management).

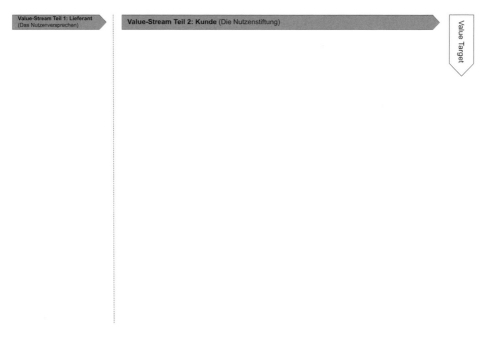

Abb. 4.4 Aufbau der TVS-Matrix 1

In Abb. 4.4 kann man sehen, dass die Matrix aus zwei Teilen besteht.

1. Value Stream, Teil 1: Lieferant
2. Value Stream, Teil 2: Kunde

Dies soll zweierlei zeigen:

1. Es handelt sich eigentlich um einen einzigen Value Stream im Sinne eines durchgängigen Prozesses der Wertschöpfung. Man zerlegt ihn aber sinnvollerweise in zwei Teile.
2. Es gibt Teile der Wertschöpfung, die geschehen auf Lieferantenseite, und andere, die ereignen sich bei dessen Kunden.

Dieser Zweiteilung des Wertschöpfungsstranges liegt die fundamentale Frage zugrunde: Was haben wir für Fähigkeiten, Produkte, Teile von Produkten, Strukturen, Systeme … (als Unternehmen, als Funktionsbereich etc.), und wie ist all dies bei der Wertschöpfung auf Kundenseite beteiligt? Wie wird damit das „Value Target" des Kunden erreicht?

Erläuterungen zu Abb. 4.5 Aufbau der TVS-Matrix Abbildung 4.5 macht deutlich, aus welchen einzelnen Bestandteilen ein Value Stream besteht:

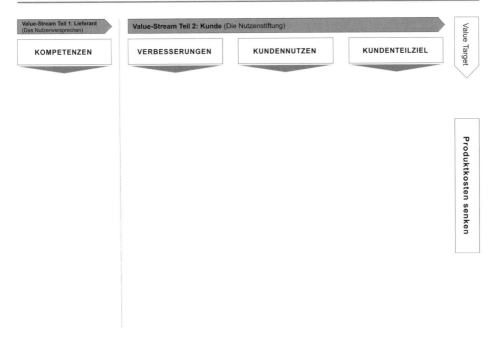

Abb. 4.5 Aufbau der TVS-Matrix 2

1. Kompetenzen: Lieferantenseite
2. Verbesserungen: Kundenseite
3. Kundennutzen: Kundenseite
4. Kundenteilziel: Kundenseite
5. Value Target: Kundenseite

In dem folgenden Beispiel werden wir uns nun mit dem Value Target: „Produktkosten senken" beschäftigen (Abb. 4.6). Alleine diese Aufgabenstellung erscheint doch auf den ersten Blick ungewöhnlich, vielleicht sogar abwegig. Inwiefern hat ein Logistikdienstleister überhaupt etwas mit den Produktkosten seines Kunden zu tun? Vielleicht kann man an diesem Beispiel bereits die Tragweite von TVS erkennen. Es kommen damit eben für den Kunden essentielle Aufgaben in den Blick, und es wird gezeigt, inwiefern ein Zusammenhang zwischen diesen und den spezifischen Lieferantenleistungen bestehen.

Erläuterungen zu Abb. 4.6 Aufbau der TVS-Matrix Abbildung 4.6 zeigt, welche Teilziele (= Kundenteilziele) dieser Kunde verfolgt, um sein Value Target „Kostensenkung" zu realisieren.

Kostensenkungen können sich schließlich auf alle möglichen Bereiche und durch die verschiedensten Einzelmaßnahmen herstellen lassen.

Für den Kunden des Logistikdienstleisters in unserem Beispiel waren die beiden ökonomischen Teilziele

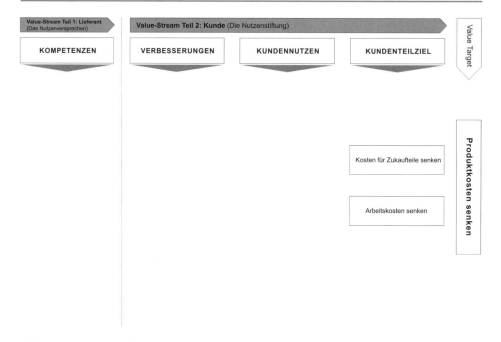

Abb. 4.6   Aufbau der TVS-Matrix 3

1. Kosten für Zukaufteile senken und
2. Arbeitskosten senken

bedeutsam.

Hinweis auf grundsätzliche Aspekte von TVS

An diesem Beispiel lassen sich einige wichtige Nutzen von **TVS** zeigen:

1. Es lenkt den Blick der Verkaufsmannschaften und -verantwortlichen überhaupt auf die ökonomischen Aspekte der Wertschöpfung beim Kunden. Diese Perspektive wird meist sehr vernachlässigt.
2. Schon während der Bedarfsermittlung können Aspekte der Zusammenarbeit ins Spiel kommen, die üblicherweise nicht auftauchen. Meist werden ja die Gespräche zwischen den Anwendern des Kundenunternehmens und den Verkäufern des Lieferanten geführt, und diese befassen sich meist mit Aspekten der Anwendung.

Der Wunsch, über ökonomische Aspekte der Zusammenarbeit zu sprechen, bringt neue Gesprächspartner für den Verkäufer ins Spiel – etwas, das im Sinne einer möglichst weitgehenden vertikalen und horizontalen Kundendurchdringung

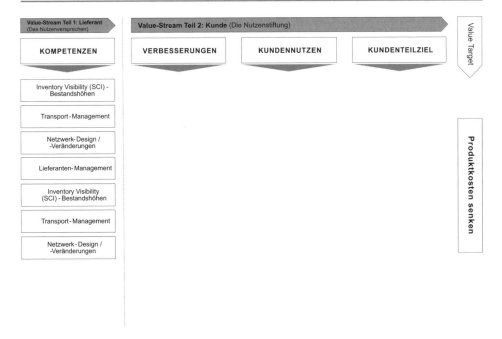

Abb. 4.7 Aufbau der TVS-Matrix 4

wünschenswert ist. So wird in unserem Beispiel der Logistikleiter vielleicht nicht der richtige Ansprechpartner sein, um über die Kostensenkung bei Zukaufteilen zu sprechen, er wird aber vielleicht einen Kontakt herstellen können zur strategischen Einkaufsabteilung des Kundenunternehmens.

So werden bereits in der Bedarfsermittlungsphase Kontakte geknüpft, die bislang gar nicht vorhanden waren. Das verkäuferische und erfolgsrelevante Potenzial, das in dieser Vorgehensweise für den Lieferanten liegt, ist beträchtlich.

Vielleicht kennt der Logistikleiter diese Zielstellung in seinem eigenen Unternehmen gar nicht. Der Verkäufer, der diese Themen bei seinem Kunden versteht, aggregieren und ggfs. für die unterschiedlichen Gesprächspartner dort übersetzen kann, ist deutlich im Vorteil gegenüber seinen Wettbewerbern, wie uns zahlreiche TVS-Projekte in allen Branchen zeigen. Er läuft gewissermaßen „außer Konkurrenz".

Erläuterungen zu Abb. 4.7 Aufbau der TVS-Matrix Abbildung 4.7 zeigt, welche Kompetenzen der Lieferant einbringt, um das Value Target seines Kunden („Kostensenkung") zu unterstützen.

Dieses Beispiel ist interessant, denn es zeigt eine Arbeitsweise mit der TVS-Matrix, die auf Übersichtlichkeit angelegt ist. Daher wiederholen sich die eingebrachten Kompetenzen; später wird deutlich werden, dass und wie die drei Kompetenzen

1. Inventory Visibility (SCI) – Bestandshöhen
2. Transportmanagement
3. Netzwerkdesign/-veränderungen

jeweils zu den beiden Kundenteilzielen (1. Kosten für Zukaufteile senken und 2. Arbeitskosten senken) beitragen.

Hintergrundinformationen
SCI bedeutet „Supply Chain Integration".

Je nach Betrachtungstiefe können die oben genannten Kompetenzen weiter aufgeschlüsselt werden.

Hinweis auf grundsätzliche Aspekte von TVS
Die Frage, mit der nach den Kompetenzen gesucht wird, lautet: **Was haben wir an auszeichnenden, kennzeichnenden Merkmalen** (unserer Produkte/Organisation)/**was sind wir/wie sind wir das?**
Beim Einsatz von TVS geht es auch darum, Wettbewerbsvorsprung zu generieren. Daher ist zu Beginn die Frage wichtig: Haben wir in diesem Kundenprojekt echte Alleinstellungsmerkmale (USPs) oder wenigstens Wettbewerbsvorsprungsmerkmale (Merkmale, die die Produkte/Lösungen der Wettbewerber auch haben, bei uns aber in besserer Qualität vorhanden sind) in unserem Nutzenversprechen? Diese „Kompetenzen" werden dann in der ersten Spalte aufgelistet. Wichtig ist: Es kann sich hierbei um recht allgemein formulierte Kompetenzen oder um sehr spezielle handeln.
So ist in unserem Beispiel von „Transportmanagement" die Rede. Damit war auf der operativen Ebene des Logistikdienstleisters eine Software zur Steuerung von LKW, Containern und Wechselbrücken gemeint.
In manchen Fällen mag es genügen, diese Kompetenz zu nennen und über die Value Streams in ihrem Einfluss und ihrer Wertigkeit für das vom Kunden angestrebte Ziel („Value Target") zu erschließen.
Was aber, wenn die an dieser Ausschreibung beteiligten Wettbewerber ebenfalls über ein solches System verfügen? Dann muss man tiefer gehen, um Unterscheidungsmerkmale zu finden. Vielleicht gibt es Unterschiede in den Features, die genannt werden können. Das eine Transportmanagementsystem arbeitet vielleicht nur mit Scans der betreffenden Transportmittel bzw. Packstücke, während das andere RFID-Technik benutzt, um seine Daten zu bekommen.

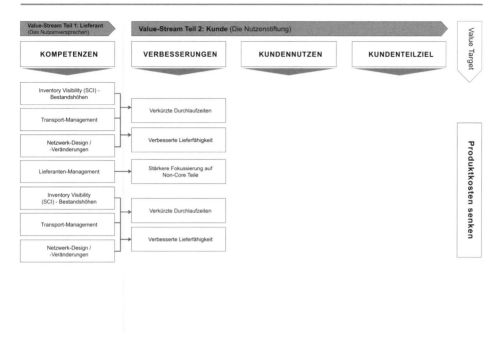

Abb. 4.8 Aufbau der TVS-Matrix 5

Wichtig ist also, dass in der Kompetenzen-Spalte möglichst solche Dinge genannt werden, die bereits Alleinstellungsmerkmale bzw. Wettbewerbsvorsprungsmerkmale benennen. In einer ersten Näherung an das Akquisitionsprojekt mögen allgemein gehaltene Kompetenzen ausreichen; je genauer der Kundenbedarf jedoch ermittelt wird, je mehr es um eine Unterscheidung vom Wettbewerber geht, desto feiner muss bei den Kompetenzen selbst gearbeitet werden.

Erläuterungen zu Abb. 4.8 Aufbau der TVS-Matrix Nachdem die Kompetenzen aufgelistet sind, nachdem geklärt ist, was wir einbringen wollen/können, um dieses Projekt zu gewinnen, geht es darum zu verstehen, welche Verbesserungen, diese Elemente beim Kunden bewirken.

Hinweis auf grundsätzliche Aspekte von TVS
Die Frage, mit der nach den Verbesserungen gesucht wird lautet: **Was kann das** (gemeint ist hier die vorgenannte Kompetenz) **für den Kunden bewirken?**

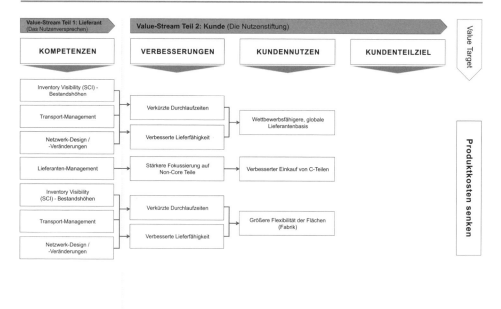

Abb. 4.9 Aufbau der TVS-Matrix 6

Erläuterungen zu Abb. 4.9 Aufbau der TVS-Matrix Nachdem die Verbesserungen aufgelistet sind, nachdem also geklärt ist, wie sich die Kompetenzen, die wir einbringen, beim Kunden positiv auswirken, geht es nun darum, den Nutzen der Verbesserungen herauszuarbeiten.

> **Hinweis auf grundsätzliche Aspekte von TVS**
> Die Frage, mit der jetzt nach den Nutzen einzelner Verbesserungen gesucht wird, lautet: **Was hat der Kunde von diesen Verbesserungen?**
>   Hierbei sollte so gefragt werden, dass die Blickrichtung immer auf das „Value Target" gerichtet bleibt. Der entstehenden Value Stream, also die Verbindung zwischen Kompetenz und Value Target, muss den Kriterien der
>
>   1. Logik,
>   2. Stringenz und
>   3. Robustheit
>
> genügen.

Auf **logische Sauberkeit** achten: Wenn z. B. das Value Target etwas mit Kostensenkungen zu tun hat, sollte in dem dahin führenden Value Stream nicht von Umsatzsteigerungen die Rede sein.

Stringenz heißt „Schlüssigkeit", „gedankliche Geschlossenheit". Damit ist gemeint, dass jedes Stück des Value Streams einen eindeutigen Zusammenhang mit dem vorhergehenden und dem folgenden aufweisen sollte, dass nur zugehörige Elemente eingefügt werden sollten.

Der Hintergrund für diese Forderung und der nach Logik ist, dass wir uns hier in einem Umfeld bewegen, in dem diese Inhalte letztlich an den Kunden kommuniziert werden sollen. Im Sinne einer gelingenden Kommunikation ist daher alles, was zu Irritationen führen könnte, zu vermeiden.

Robustheit heißt in unserem Zusammenhang, dass die gebildeten Value Streams einer gewissen Belastung standhalten müssen. Sind sie einleuchtend? Lassen sie sich so einem Kunden vermitteln oder braucht es weitere Erklärungen, die dann vielleicht alles verwässern und angreifbar machen? Sie sollen also nicht bei der ersten Befragung, beim ersten Abklopfen, auseinanderfallen.

Erläuterungen zu Abb. 4.10 Aufbau der TVS-Matrix Abbildung 4.10 unterscheidet sich von der vorangegangenen dadurch, dass im unteren Bereich zusätzliche Möglichkeiten für eine Nutzenstiftung durch Outsourcing sichtbar werden. Für einen Logistikdienstleister bilden die Outsourcing-Projekte seiner Kunden oft geradezu ein Hauptgeschäftsfeld. Insofern spielt dies in unserem Beispiel eine zentrale Rolle. Aber auch in anderen Branchen, dort nicht nur unter dem Begriff des „Outsourcing", sondern auch in sog. vorwärts bzw. rückwärts integrierenden Aktivitäten von Unternehmen. Aus solchen Aktivitäten, bei denen es letztlich um den Zugewinn an Wertschöpfung geht und den Besitz größerer Anteile an der Wertschöpfungskette, entstehen naturgemäß neue Möglichkeiten der Nutzenstiftung für das eigene Unternehmen, aber selbstredend auch für dessen Kunden.

Hintergrundinformationen
Übernahme einer oder mehrerer nachfolgender Fertigungsstufe(n).

Hintergrundinformationen
Übernahme einer oder mehrerer Fertigungsstufe(n), die bisher von einem Zulieferer durchgeführt wurde(n).

Erläuterungen zu Abb. 4.11 Aufbau der TVS-Matrix Abbildung 4.11 bringt nun die beiden Kundenteilziele ins Spiel. Hier sind dies

1. Die Kostensenkung für Zukaufteile
2. Die Senkung der Arbeitskosten

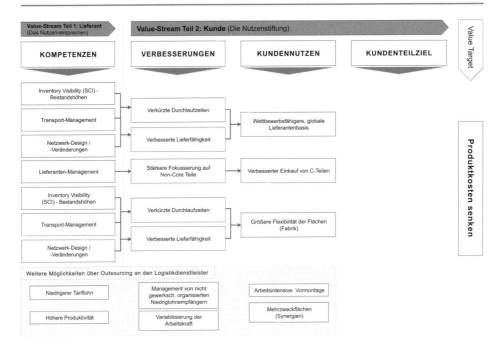

Abb. 4.10 Aufbau der TVS-Matrix 7

Hinweis auf grundsätzliche Aspekte von TVS

Ein sog. „Kundenteilziel" ist insofern ein Teilziel, als es Bestandteil des übergeordneten Value Targets ist. Das Value Target setzt sich aus der Addition aller Kundenteilziele zusammen. Diese Teilziele müssen in jedem Falle so formuliert sein, dass sie den engen Zusammenhang mit dem Value Target deutlich erkennen lassen.

In unseren Workshops passiert es immer wieder, dass während der Erstellung der TVS-Matrix die Kundenteilziele in einer ersten Näherung nicht sauber gegriffen werden. In unserem obigen Beispiel haben wir ein Value Target, das Kostensenkung realisieren will. Insofern müssen auch die Kundenteilziele schon etwas mit der Senkung von Kosten zu tun haben. Dort sollten keine Dinge stehen, die vielleicht „auch richtig" sind, also irgendwie für dieses Kundenprojekt zutreffen, aber eher etwas mit umsatz- oder renditerelevanten Betrachtungen zu tun haben.

Wie werden in den Unternehmen ökonomische Ziele üblicherweise entwickelt? In der TVS-Matrix gehen diese als „Value Targets" bzw. „Kundenteilziele" ein. Sie ergeben sich meist aus strategischen Analysen oder wenigstens aus Wirtschaftlichkeitsbetrachtungen.

Unser Beispiel verdeutlicht gut, welche wertschöpfenden Möglichkeiten sich daraus für den Verkauf des Lieferantenunternehmens ergeben können. In der Logistik-

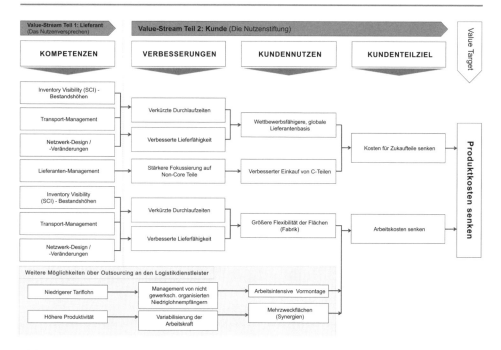

Abb. 4.11 Aufbau der TVS-Matrix 8

abteilung eines Unternehmens kommen die genannten ökonomischen Ziele häufig entweder schon übersetzt oder gar nicht an. Bei der richtigen Verwendung eines Instrumentes wie der Balanced Score Card ist wenigstens eine gute Übersetzung bzw. Ableitung sichergestellt.

Für seinen Bereich kann der Logistikleiter in unserem Beispiel sicherlich etwas mit dem Kundenteilziel 2 anfangen, und er wird über geeignete Maßnahmen nachdenken, die Arbeitskosten zu senken.

Mit dem Kundenteilziel 1 wird er sich wahrscheinlich schwerer tun. Kosten der Zukaufteile senken, ist meist ein rein einkaufsbezogenes Thema und selten eines, das mit Logistikfunktionen in Verbindung gebracht wird. Ein guter Verkauf kann diese Verbindung herstellen, wird Möglichkeiten dazu erschließen und so als kompetenter, vielleicht sogar strategisch bedeutsamer Partner eingeschätzt werden.

2.1   Zusammenfassung und Ergänzungen

Im vorangegangenen Teil haben Sie am Beispiel eines Logistikdienstleisters den Aufbau der TVS-Matrix kennengelernt.

Die wichtigsten Elemente, die für eine gelungene Arbeit mit TVS gelten, seien hier nochmals zusammengefasst und um einige Aspekte, die bislang unerwähnt geblieben sind, ergänzt:

1. **True Value Selling ist ein für die Verkaufspraxis geschaffenes Instrument**, das der Großkundenakquisition und -entwicklung im KAM wichtige, auf ökonomischem Kundennutzen basierende Klarheit und damit in diesem Kundensegment bessere Positionierungsmöglichkeiten verschafft.

   a) Es gibt seit vielen Jahren im Verkauf den Ansatz eines nutzenbasierten, beratenden Verkaufes und als letzte Großentwicklung das sog. „Partnering". Und es gibt immer wieder auf die Verkaufsrhetorik abzielende Hilfestellungen und ganze Systeme, die den Verkäufer dabei unterstützen sollen, zu verstehen und zu kommunizieren, was der Nutzen seines Angebotes sei.

   b) Bislang gibt es jedoch keine zusammenhängende Systematik, die es z. B. dem Key-Account-Manager ermöglichen würde, die Wertschöpfungskette seines Kunden zu erschließen, zu verstehen und schließlich sein Angebot darin entsprechend zu platzieren.

2. **True Value Selling ist eine Wertschöpfungssystematik für Kunde und Lieferant.**

   a) Für den Kunden ist sie darauf ausgerichtet, folgende ökonomische Ziele zu erreichen:

      1) Umsatzerhöhung
      2) Renditeerhöhung
      3) Kostensenkung

   b) Für den Lieferanten ist sie darauf ausgerichtet, folgende (ökonomische) Ziele zu erreichen:

      1) die Realisierung höherer Verkaufspreise
      2) die Gestaltung effizienterer und damit auch kostengünstigerer Sales-Prozesse
      3) die Realisierung höherer Renditen/Sales-Projekt
      4) geringere Substituierbarkeit und Aufbau einer strategischen Partnerschaft

3. **True Value Selling ist ein analytische System**, das

   a) es erlaubt, die Wertschöpfungsprozesse eines Kunden zu analysieren und in ihrem Zusammenwirken zu verstehen.

   b) es der Verkaufsorganisation eines Lieferanten ermöglicht, aus diesem Verständnis heraus den Kunden bei seinem Bestreben, bestimmte ökonomische Ziele zu erreichen, zu unterstützen. Diese Ziele können Umsatz-, Rendite- und Kostenziele sein.

4. **True Value Selling ist ein Führungsinstrument**, das

   a) es sowohl dem Mitarbeiter als auch der Führungskraft erlaubt, ein Sales-Projekt mit größter Effizienz und Effektivität bei der Frage des ökonomischen Nutzens durchzuführen.

   b) Es gehört von seiner Art her zu den wenigen verkaufs- und verkaufsergebnisrelevanten Tools mit hohem praktischem Nutzen. Es kann sowohl für sich alleine genutzt werden, ist aber auch gut als Teil eines entwickelten Account-Planning-Tools zu integrieren.

5. **True Value Selling ist ein Instrument, das auch zur Bedarfsermittlung** eingesetzt werden kann.

    a) Die analytische Struktur, die TVS bietet, eignet sich erfahrungsgemäß sehr gut, um damit eine auf ökonomischen Nutzen bezogene Bedarfsermittlung durchzuführen. Bedarfe klären sich oft über lange Strecken des Verkaufsprozesses. Meist wird aber nur über operative Bedarfe, selten über ökonomische gesprochen. Meist scheuen Verkäufer dieses Terrain, da die Einschätzung besteht, der Kunde wolle ökonomischen Nutzen am liebsten über die Reduzierung von Lieferantenpreisen erreichen.

    Das stimmt oft auch, aber nur solange, bis der Kunde selbst Alternativen dazu erkennt. Gespräche mit wirtschaftlichen Entscheidern drehen sich i. d. R. nicht um Preise. Die sind vor allem für Einkäufer, aber auch andere einkaufende Funktionen interessant. Doch auch hier sind sie nur von relativem Interesse. Wenn man sich die Lieferantenauswahlkriterien großer Unternehmen ansieht, dann wird man leicht erkennen, dass es bei der Beschaffung von Gütern und Dienstleistungen um weit mehr als nur Preise geht. Diese sind sicherlich wichtig, kumulieren aber meist in einem Bereich zwischen 10 und 25 %. Die anderen Kriterien machen dann den Rest von 75 bis 90 % aus.

    b) Wirtschaftliche Entscheider sprechen gerne über Themen, die einen ganzheitlichen Ansatz haben, der sie verstehen lässt, dass es um größere Zusammenhänge geht. Sie sind offener für Total-Cost-of-Ownership-Betrachtung u. ä. True Value Selling bietet hierfür den richtigen Ansatz, da es bzgl. der Umsatz-, Rendite- und Kostenziele eines Kundenunternehmens Klarheit schafft; es ermöglicht Betrachtungen, die finanzielle Kennzahlen, wie z. B. EBIT, EVA und ROI, mit Lieferantenleistungen in Beziehung bringen. Ein Einkäufer wird sich da i. d. R. schwerer tun. Solange die Bewertungssysteme in den Einkaufsabteilungen im Wesentlichen über erzielte Nachlässe bei den Lieferanten funktionieren, wird sich daran auch nichts ändern. Andere Funktionalitäten sind per se offener. Dennoch:

    c) **Aus der Praxis**: Wenn wir TVS in einem Unternehmen einzuführen helfen, nehmen wir aus verschiedenen Gründen immer gerne auch Einkäufer zu bestimmten Teilen dazu. Der Einkäufer eines Weltmarktführers im Maschinen- und Anlagenbau kommentierte den Einsatz von TVS einmal so:

> Wenn ich konfrontiert würde mit solch einer Systematik und solch einer Kommunikation dazu, dann würde mich das schon beeindrucken. Aber ich würde es dem Verkäufer natürlich nicht sagen. Dann würde ich ja meinen Job falsch machen. Aber ich würde ggfs. den Entscheidungsprozess für einen bestimmten Lieferanten neu aufrollen. Häufig steht ja die Entscheidung für einen Lieferanten schon frühzeitig fest und wird meist von der Fertigung bestimmt. Die müssen schließlich mit der Entscheidung leben. Wenn ich aber sehen würde, dass ein anderer Lieferant entscheidend mehr Vorteile auf seiner Seite hätte, auch schon, weil er unser Wertschöpfungssystem besser versteht und deswegen wirklich einen Beitrag zu dessen Effizienz bieten kann, dann würde ich dieses Beschaffungsprojekt neu starten. Also jedenfalls was diesen Teil angeht.

6. **True Value Selling ist ein Instrument, das sowohl zur „ex ante"- als auch zur „ex post"-Analyse** eingesetzt werden kann – für die Value Streams, die das eigene Unternehmen zum Kunden entwickelt, aber auch für diejenigen der Wettbewerber.

   a) Mit TVS können, wie oben gesehen, die Value Streams innerhalb eines bestimmten, gerade aktuellen Kundenprojektes entwickelt werden. Aber auch bereits abgeschlossene oder auch verlorene Projekte lassen sich mit diesem Tool untersuchen, um daraus gewisse Lerneffekte zu erzielen. Immer wieder wird bei solchen Analysen z. B. deutlich, dass keine echten USPs oder wenigstens Wettbewerbsvorsprungsmerkmale bestanden bzw. dass nicht richtig damit umgegangen wurde. Man ist dann in einen Preiskampf eingetreten, und vermutlich hat keiner etwas davon gehabt.

   b) Außerdem können die Value Streams von Wettbewerbern angeschaut werden. Hierfür sind natürlich hervorragende Kenntnisse der Wettbewerber, ihrer Organisation, Produkte und Strategien notwendig. TVS treibt damit die Beschaffung wirklich relevanter Wettbewerbsinformationen. Leider gibt es kaum Verkaufsabteilungen, die über solche Informationen verfügen; eigentlich bedarf es dazu nicht viel Aufwands, schließlich ist hier ja i. d. R. nur von der Key-Account-Organisation des Wettbewerbs und einigen Dutzend Kunden die Rede. Solche strategisch bedeutsamen Informationen fehlen aber leider meist. Diese wären aber sinnvoll zu kennen, da sie Aufschluss über die Stärken und Schwächen der Wettbewerber geben und darüber, wie diese den Nutzen ihres Angebots konstruieren und kommunizieren.

Beispiele aus Beratungsprojekten entstammen einem TVS-Beratungsprojekt, das 2013 bei einem deutschen Weltmarktführer im Maschinen- und Anlagenbau begonnen wurde und bis 2014 dauert. Dort war TVS Teil eines größeren Projektes, das unter dem Begriff der „Sales-Excellence" auch zahlreiche Trainingsmodule zum Kompetenzaufbau im Verkauf enthielt. Die verschiedenen BUs des Unternehmens adaptierten TVS in der für sie sinnvollen und spezifischen Weise und entwickelten erfolgreiche projektbezogene Strategien.

Die folgenden Abbildungen zeigen aus Platzgründen oft nicht das komplette erarbeitete Material zu einer Aufgabenstellung, sie konzentrieren sich vielmehr auf das Wichtigste. Dabei wurden immer wieder auch Schwächen einzelner Aspekte übernommen; sie sollen dem Leser helfen, den Blick für die Anforderungen einer sauberen Arbeit mit TVS zu schärfen.

Die folgenden Beispiele werden dem Aufbau nach den drei Arbeitsebenen des TVS folgen. Sie werden also zunächst

- allgemein, bezogen auf die BU, die TVS für sich entwickelt und adaptiert, erfolgen. Die Frage auf dieser ersten Arbeitsebene hier lautet: Wie tragen wir zur Wertschöpfung bei unseren Kunden überhaupt bei? Und zwar bezogen auf deren ökonomische Ziele bei Umsatz, Rendite und Kosten.

- Dann werden die Beispiele sich auf die 2. Arbeitsebene beziehen. Hier besteht dann ein enger Projektzusammenhang. Umsatz-, Rendite- und Kostenziele innerhalb eines bestimmten Projektes werden analysiert.
- Zum Abschluss werden dann Beispiele für die 3. Arbeitsebene folgen. Diese sind ebenfalls projektbezogen und zeigen, wie noch spezifischere ökonomische Ziele mit TVS verfolgt werden können, die sich in Kennzahlen wie ROI, EBIT oder EVA bzw. Teilen aus den genannten Wirkzusammenhängen (z. B. ROI-Baum, EVA-Baum) ergeben.

Bei all dieser vielleicht auf den ersten Blick sehr analytisch erscheinenden Arbeitsweise ist zu bedenken, dass diese Analytik das Fundament für einen strategisch operierenden und erfolgreichen Verkauf im Großkundenbereich ist. Gerade im Technischen Vertrieb erleichtert aber dieser analytische Aspekt den Vertriebsmitarbeitern, einen methodischen Zugang zu finden. Vertriebsingenieure und Techniker sind es eigentlich gewohnt, in solchen Kategorien (Analytik, Logik, Strukturiertheit) zu denken, und finden darüber zu TVS.

Außerdem ist zu bedenken, dass guter, leistungsfähiger Verkauf kaum ohne Elemente der Analyse, Planung und strategischen Exekution auskommt. Kein Mensch würde ein Auto kaufen, das nicht sauber in allen seinen Teilen und dann als fertiges Produkt vorher und immer wieder analysiert worden wäre. Der analytische Aufwand bei TVS ist erstens relativ gering, geht zweitens von Mal zu Mal schneller und ist drittens kein Selbstzweck: Er dient dazu, die Aufstellung bei einem bestimmten Sales-Projekt deutlich zu verbessern.

Erläuterungen zu Abb. 4.12 TVS Arbeitsebene 1, Umsatz erhöhen

Beispiel: Maschinen- und Anlagenbauer Dieses Beispiel zeigt einige der Value Streams, die die erstellende BU dafür nutzt, um auf der ersten, allgemeinen Arbeitsebene die Wertschöpfungsprozesse des Kunden, bezogen auf **Umsatzziele** und die eigenen möglichen Beiträge dazu, zu erschließen.

Hinweis auf grundsätzliche Aspekte von TVS
Ranking der Value Streams: Neben den einzelnen Komponenten sehen Sie in den kleineren Kästchen, Zahlen. Diese sind Bewertungsfaktoren. Sie werden genutzt, um die Wertigkeit einzelner Komponenten im Value Stream zu definieren. Die Multiplikation der einzelnen Faktoren ergibt dann das Ranking der Value Streams.

Das sich ergebende Ranking der Value Streams spiegelt wider, welche die wichtigsten Nutzenketten und welche die weniger wichtigen sind.

Diese Wichtigkeit kann von Projektphase zu Projektphase und von Gesprächspartner zu Gesprächspartner variieren.

In diesem Ranking zeigt sich ein weiterer Aspekt der praktischen Anwendbarkeit von TVS, denn daraus ergibt sich schließlich der konkrete Plan zur Platzierung der

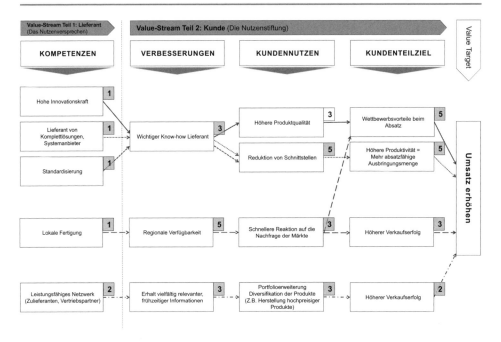

Abb. 4.12 Arbeitsebene 2, Value Target: Umsatz erhöhen

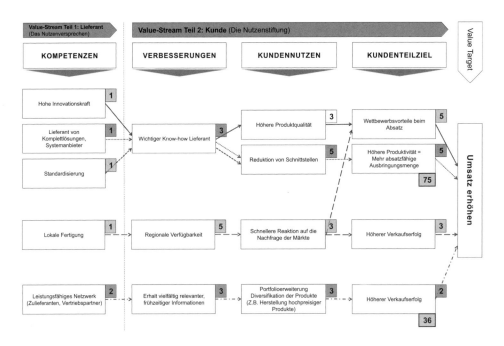

Abb. 4.13 Arbeitsebene 2, Value Target: Umsatz erhöhen

einzelnen Value Streams, sei es im persönlichen Gespräch, in Management Summaries oder bei Präsentationen, die folgen.

Projektphasen: TVS sollte bei den Projekten, die tatsächlich initiiert wurden, möglichst frühzeitig angefangen werden. Es ergeben sich durch die immer weiter fortschreitende Klärung des Bedarfes und der Erwartungen des Kunden immer wieder Veränderungen innerhalb der TVS-Matrix bzw. durch die Arbeit an den Elementen der TVS-Matrix ergeben sich Veränderungen bei den Bedarfen und Erwartungen des Kunden; die Beeinflussung geschieht in beiden Richtungen.

Gesprächspartner: Bei TVS haben wir es mit einem Instrument zu tun, das in die ökonomischen Zusammenhänge der Wertschöpfung eines Unternehmens hineinreicht. Von daher liegt es nahe, mit den Ergebnissen daraus auch wirtschaftliche Entscheider oder Beeinflusser anzusprechen. Darunter fallen alle Funktionen eines Unternehmens, deren Hauptaugenmerk auf die finanziellen bzw. wirtschaftlichen Aspekte eines Angebotes gerichtet ist.

Neben den wirtschaftlichen Entscheidern sind aber auch alle anderen an einem Projekt Beteiligten (manchmal sogar nicht direkt beteiligte Personen) wertvolle Ansprechpartner für die Ergebnisse aus TVS.

Die Gesprächspartner aus der Operativen, wie z. B. der Produktion (Produktionsleiter, Werksleiter etc.), die mit einer neuen Maschine arbeiten sollen, erhalten ihre wirtschaftlichen Ziele meist in einer für sie übersetzten Form. Dort ist dann z. B. vom Teile-Output der Maschine die Rede. Letztlich handelt es sich bei diesen Kennzahlen jedoch um Werte, die aus finanziellen Zielstellungen kommen.

Insofern ist es ratsam, auch die Anwender eines Angebotes mit Informationen zu dessen finanziellen Wertschöpfungszusammenhängen zu versorgen. In der Praxis zeigt sich immer wieder, dass die operativen Anwender meist das höchste Gewicht bei der Entscheidungsfindung haben. Wenn sie auch etwas über die finanziellen Nutzen eines Angebotes wissen und dies kommunizieren können, stellt dies einen entscheidenden Platzierungsvorteil für einen Lieferanten dar.

Erläuterungen zu Abb. 4.13 TVS Arbeitsebene 1, Profit erhöhen

Beispiel: Maschinen- und Anlagenbauer Dieses Beispiel zeigt dieselbe Folie wie die vorangegangene. Der Unterschied ist, dass hier nun exemplarisch zwei der Value Streams hervorgehoben und die einzelnen Faktoren berechnet wurden. Der obere Value Stream erhielt dabei 75 Punkte, der untere 36.

Die Bewertung der einzelnen Faktoren und die sich daraus ergebende Wertigkeit der Value Streams zueinander zeigt dem Verkäufer, welche der Nutzenketten zum gegenwärtigen Stand des Projektes wohl die erfolgversprechendsten sind.

Dabei können Sie an alle möglichen Anlässe denken:

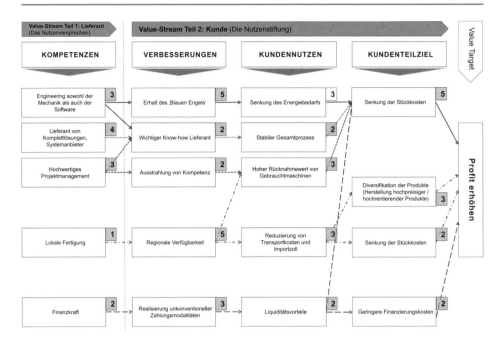

Abb. 4.14 Arbeitsebene 2, Value Target: Profit erhöhen

1. Präsentationen
2. Verkaufsgespräche mit einer oder mehreren Personen
3. Angebote (hier in der Management Summary)

Aus dieser Bewertung ergibt sich die Hierarchie der Value Streams und damit eine klare Richtung bezüglich der Verkaufsargumentation. Insofern ist TVS eines der wenigen Systeme, das überhaupt solche Möglichkeiten bietet. Meist werden Verkaufsargumente (= Nutzenargumente), wenn sie überhaupt systematisch erschlossen werden, irgendwie diskursiv platziert. Eher selten ist eine taktische Aufstellung dieser Argumente zu beobachten, was schade ist, da der Aufwand im Verhältnis zum Nutzen äußerst (!) gering ist.

Erläuterungen zu Abb. 4.14 TVS Arbeitsebene 1, Profit erhöhen

Beispiel: Maschinen- und Anlagenbauer Dieses Beispiel zeigt einige der Value Streams, die die erstellende BU dafür nutzt, um auf der ersten, allgemeinen Arbeitsebene die Wertschöpfungsprozesse des Kunden, bezogen auf **Profitziele** und die eigenen möglichen Beiträge dazu, zu erschließen.

Interessant ist hier, wie auch in den weiteren Beispielen, die aus dieser Business-Unit kommen, dass bei den Kundenteilzielen die Grundsätze der Logik und Stringenz sehr weit ausgelegt wurden. So sollen die Value Streams zwar auf das Value Target „Profit erhöhen"

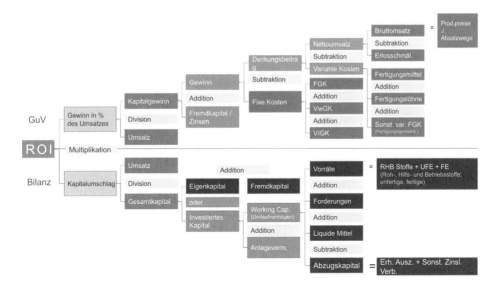

Abb. 4.15 ROI-Baum nach dem Dupont-Schema

hinauslaufen, bei den Kundenteilzielen ist dann aber vor allem von Kostensenkungen die Rede.

Natürlich tragen Umsatzerhöhungen und Kostensenkungen zur Renditeerhöhung bei, vor allem für das Gesamtunternehmen. Aber dies muss vermittelt werden und leuchtet nicht ohne weiteres für das einzelne Projekt ein. Schauen wir kurz auf die Kennzahlen für **Gesamtkapitalrenditen** (**ROI**: Return on Investment; **ROCE**: Return on Capital Employed; **RONA**: Return on Net Assets), s. Abb. 4.15.

Dort wirken ganz unterschiedliche Umsatz-, Rendite- und Kostenelemente zusammen. Es ist wichtig, dass dem Verkäufer diese Zusammenhänge dann wenigstens im Groben klar sind und er sie argumentieren kann. Wie gesagt: sachlich und inhaltlich sind die Inhalte von Abb. 4.15 richtig. Bei schriftlichen Darstellungen wäre eine ausführlichere Behandlung – im Sinne einer gelingenden Kommunikation – sicherlich sinnvoll.

Erläuterungen zu Abb. 4.16 TVS Arbeitsebene 1, Kosten senken

Beispiel: Maschinen- und Anlagenbauer In diesem Beispiel lautet das Value Target „Kosten senken" und alle 5 dargestellten Value Streams laufen auf das Kundenteilziel „Senkung der Stückkosten" zu. Diesem Faktor kommt also aus Sicht dieser BU aus allgemeiner Sicht die größte Bedeutung zu.

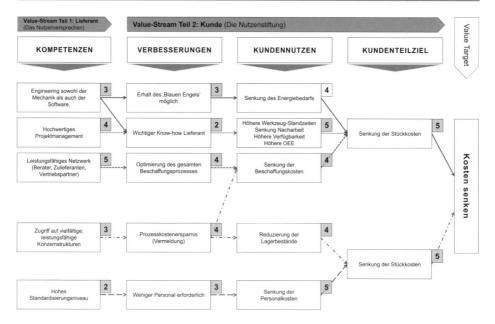

Abb. 4.16 Arbeitsebene 2, Value Target: Kosten senken

Hinweis auf grundsätzliche Aspekte von TVS

Solche Einschätzungen sind wichtig. Sie sagen etwas über die Wertehierarchie des Kunden bei den ökonomischen Zielen, die er verfolgt, aus. Diese Wertehierarchie immer besser kennenzulernen ist ein bedeutsamer Teil erfolgreicher Vertriebsarbeit. Wie soll denn sonst Nutzen sinnvoll platziert werden, wenn nicht bezüglich des Wertesystems des Kunden?

Außerdem ist eine solche Wertehierarchie ebenfalls Gesprächspartner abhängig und muss für alle Mitglieder des Beschaffungsgremiums bekannt sein. Bei TVS haben wir es ausschließlich mit ökonomischen Werthaltungen zu tun. Diese können beim CEO unterschiedlich zum Chefeinkäufer und wiederum zum Produktionsleiter sein. Die Aufgabe ist zu verstehen, wo es Überschneidungen gibt, wohin Tendenzen dabei gehen etc.

Erläuterungen zu Abb. 4.17 Beispiel: Maschinen- und Anlagenbauer

TVS Arbeitsebene 2 In diesem Beispiel gehen wir nun auf die **Arbeitsebene 2, also auf die Projektebene von TVS**. Das Value Target lautet „Umsatz erhöhen".

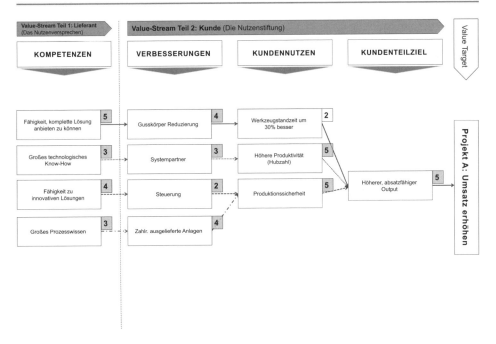

Abb. 4.17 Arbeitsebene 2, Projekt A, Value Target: Umsatz erhöhen

Hinweis auf grundsätzliche Aspekte von TVS

Die üblichen Elemente, die zu Umsatzsteigerungen führen und in der TVS-Matrix als „Kundennutzen" bzw. als „Kundenteilziele" figurieren, sind:

1. Erhöhung des Preises/Stück
2. Erhöhung der absatzfähigen Menge (natürlich vorausgesetzt, es ist eine entsprechende Nachfrage vorhanden)
3. Neues Produkt/Produktspektrum mit neuen Märkten
4. Höhere Qualität bestehender Produkte (→ höhere Preisbereitschaft der Kunden)

Von Umsatzsteigerungen durch Zukäufe soll in TVS nicht die Rede sein, da diese keinen echten Projektbezug haben und mit den Wertschöpfungsprozessen, die bei TVS eine Rolle spielen, nichts zu tun haben.

Hinweis: Diese und ähnlich umsatzrelevante Faktoren sollten als ökonomische Teilziele in den umsatzbezogenen Analysen (Value Target = Umsatz) auch benannt werden. Es passiert zu Anfang immer wieder einmal, dass bei den Kundenteilzielen andere Faktoren genannt werden, die z. B. etwas mit Rendite oder Kosten zu tun haben. Bitte denken Sie daran: Bei den Kundenteilzielen sollten solche Faktoren genannt werden, die z. B. auch als KPI fungieren könnten und bezifferbar wären.

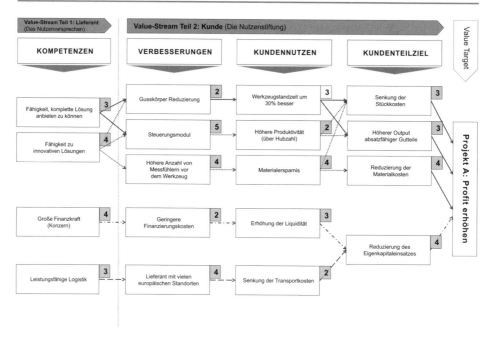

Abb. 4.18 Arbeitsebene 2, Projekt A, Value Target: Profit erhöhen

> **Beispiel:** Sicherlich ist es Ziel eines jeden Unternehmens, durch geeignete Maßnahmen die Verkaufsleistung zu erhöhen, was sich natürlich in einer Umsatzerhöhung auswirken kann. Inhaltlich gibt es daran sicherlich nichts auszusetzen. Als Kundenteilziel aber „Verkaufsleistung erhöhen" zu nennen, würde die Möglichkeiten, die TVS bietet, sehr verwässern. Es wäre besser, z. B. „Umsatz/Stück" oder Ähnliches in der TVS-Matrix zu verwenden.

Hintergrundinformationen

KPI = Key Performance Indicator: Messzahl, anhand derer der Fortschritt oder der Erfüllungsgrad wichtiger Zielsetzungen oder kritischer Erfolgsfaktoren z. B. innerhalb eines Unternehmens gemessen und/oder ermittelt werden kann.

Erläuterungen zu Abb. 4.18 Beispiel: Maschinen- und Anlagenbauer

TVS Arbeitsebene 2 Das Value Target lautet „Profit erhöhen". Stellen Sie sich vor, Sie leiten ein Unternehmen in der Papierindustrie. Sie stellen verschiedene Papiere für hochwertige Anwendungen z. B. für die Verpackungsindustrie her. Welche Faktoren gibt es, die eine Produktionslinie direkt oder indirekt zur Erhöhung des Profits beisteuert?

Schauen wir uns zunächst die Faktoren an, die den Gewinn eines produzierenden Unternehmens überhaupt beeinflussen. Dies sind Elemente, die die Leistungsfähigkeit der

Produktion als solcher (Produktivität), die Umsätze, die Verluste und die Kosten betreffen. Diese Faktoren beeinflussen sich gegenseitig und werden oft am besten gemeinsam optimiert, um einen maximalen Gewinn für das Unternehmen zu erzielen.

Kennzahlen, die den Wert einer unternehmerischen Tätigkeit messen, gibt es einige. Für unseren Zweck ist es hilfreich, hier kurz auf den ROI einzugehen, der auch viele Elemente der o. g. Faktoren als Einzelkennzahlen im ROI-Baum mit abbildet. Der Begriff „Return on Investment" (= Kapitalverzinsung, Kapitalrendite oder Anlagenrendite, kurz ROI) bezeichnet ein Modell zur Renditemessung einer unternehmerischen Tätigkeit, und zwar gemessen am Gewinn im Verhältnis zum eingesetzten Kapital. Der ROI beschreibt als Oberbegriff für Renditekennzahlen sowohl die Eigenkapitalrendite (Return on Equity, kurz ROE) als auch die Gesamtkapitalrendite (Return on Assets, kurz ROA oder RONA). Der ROI ist im Du-Pont-Schema als Spitzenkennzahl durch Multiplikation von Umsatzrendite und Kapitalumschlag definiert. Diese Definition im Dupont-Schema ist diejenige, mit der in TVS sehr gut gearbeitet werden kann (s. Abb. 4.16).

In unseren Beispielen geht es immer um einzelne konkrete Projekte. Die wirtschaftliche Betrachtung dieser Projekte steht im Vordergrund, und alle wirtschaftlichen Faktoren, die sich in einem einzelnen Projekt als bedeutsam erweisen, sind es deshalb, weil sie sich in den Finanzsystemen des Unternehmens wieder zeigen, sei es in der Bilanz oder in der Gewinn- und Verlustrechnung.

Erläuterungen zu Abb. 4.19 Beispiel: Maschinen- und Anlagenbauer

TVS Arbeitsebene 2 Das Value Target lautet „Kosten senken". Und alle Möglichkeiten der Kostensenkung sind immer interessant. Nicht deswegen, weil dort für die kaufenden Unternehmen die größten Wachstumschancen lägen, sondern deshalb, weil bei den Kosten oftmals ganz unnötige Schlachten mit den Lieferanten stattfinden. Einer der Hauptnutzen in der Anwendung von TVS für die Lieferanten liegt ja in der Möglichkeit begründet, die Preise endlich aus dem Fokus zu rücken und wenigstens zugunsten einer Total-Cost-of-Ownership-Betrachtung zu verhandeln.

Erläuterungen zu Abb. 4.20 Beispiel: Maschinen- und Anlagenbauer

TVS Arbeitsebene 2 Das Value Target lautet „Umsatz erhöhen". Schauen wir einmal den markierten Value Stream an, der mit „Hochwertige Serviceleistungen" beginnt.

> **Hinweis auf grundsätzliche Aspekte von TVS**
> **Vorgehensweise zur Erarbeitung der Value Streams in einer TVS-Matrix** Die Erarbeitung einer TVS-Matrix geschieht sinnvollerweise immer im Team. Nach dem Motto „2 Gehirne verstehen mehr als eines" liegt eine gute Gruppengröße bei 3–6 Personen.

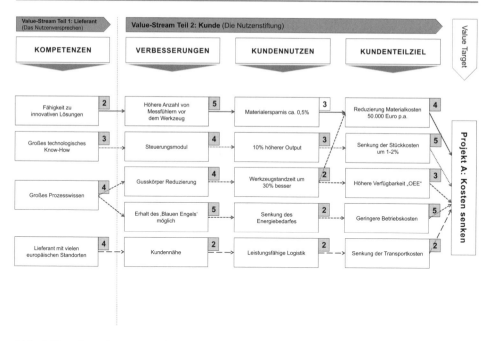

Abb. 4.19 Arbeitsebene 2, Projekt A, Value Target: Kosten senken

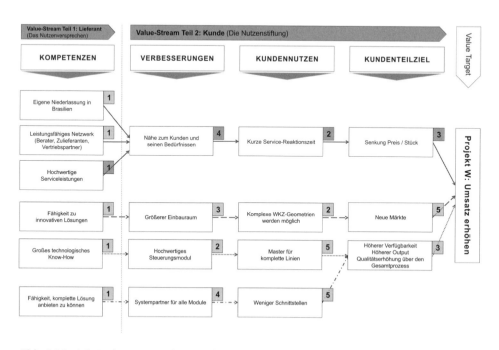

Abb. 4.20 Arbeitsebene 2, Projekt W, Value Target: Umsatz erhöhen

Ein guter Anfang besteht darin, die „Kompetenzen" zusammenzutragen. Dies kann auf gute Weise nach dem Brain-Storming-Verfahren geschehen. Hier wie bei allen anderen Elementen einer TVS-Matrix wird i. d. R. viel diskutiert. (Achtung: Man verliert sich leicht in Fachsimpeleien über ein Projekt als solches …)

Danach geht man weiter von links nach rechts, bis der Value Stream mit dem Value Target endet.

Zu den „Kompetenzen" ist Folgendes wichtig zu wissen: Sie können sowohl recht allgemein als auch super-detailliert sein.

In diesem Beispiel wie in den vorangegangenen auch ist immer auf eine recht allgemeine Weise bei den „Kompetenzen" die Rede. Nehmen wir einmal „Hochwertige Serviceleistungen". Natürlich wissen diejenigen Teammitglieder, die diesen Value Stream gebaut haben, was damit gemeint sein soll. Aber neue Teammitglieder, Vorgesetzte, Kunden … – können sie das verstehen? Es ist in einer ersten Näherung vollkommen in Ordnung und ausreichend so zu formulieren. Empfehlenswert ist dann aber, diese allgemeinen Formulierungen durch spezifischere zu ersetzen. Was genau sollen denn „Hochwertige Serviceleistungen" sein? Ihre Wettbewerber würden das von ihren Serviceleistungen sicherlich auch sagen.

Denken Sie daran, dass bei den Kompetenzen möglichst solche Elemente zu nennen sind, die echte USPs sind oder wenigstens als Wettbewerbsvorsprungsmerkmale fungieren können. Nennen Sie lieber ein oder einige Details dieser Serviceleistungen, die dann gebündelt zum Value Target führen.

Natürlich bietet bereits die allgemeine Form deutliches Potenzial zur Abgrenzung gegenüber dem Wettbewerb, der keine logische, stringente und robuste Formulierung seiner Nutzenargumente vorweisen kann. Dies ist allerdings nur die erste Stufe. Auf der zweiten sollten Sie möglichst ins Detail gehen, um sich besser abgrenzen zu können.

In den Workshops zu TVS sagen wir immer: „Da vorne bei den „Kompetenzen" könnte auch eine spezielle Unterlegscheibe Ihrer Maschine stehen, wenn Sie sicher sind, dass die den Unterschied macht."

Erläuterungen zu Abb. 4.21 Beispiel: Maschinen- und Anlagenbauer

TVS Arbeitsebene 2 Das Value Target lautet „Profit erhöhen". Schauen wir einmal den markierten Value Stream an, der mit „Tiefe Kenntnisse zum Produktionsprozess" beginnt.

Hinweis auf grundsätzliche Aspekte von TVS

Sicherlich ist diese Kompetenz eine wichtige. Welcher Hersteller/welches Sales-Team kann das von sich schon (in jedem Fall) behaupten? Insofern ist es wichtig und rich-

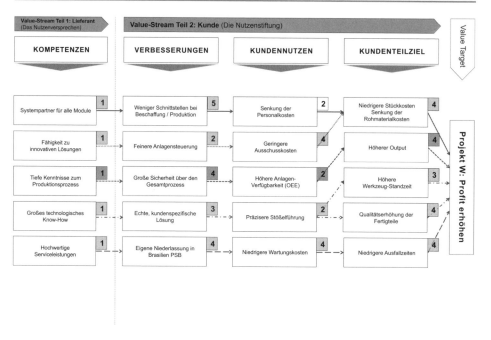

Abb. 4.21 Arbeitsebene 2, Projekt W, Value Target: Profit erhöhen

tig, diese Kompetenz ins Rennen zu schicken. Das Sales-Team hat das getan, weil es entweder vermutet oder bereits abgeklärt hat, dass dieser Kunde in diesem Projekt besonders hohen Wert darauf legt.

Aus welchen Elementen diese „tiefen Kenntnisse zum Produktionsprozess" bestehen, sollte natürlich geklärt worden sein und eine gewisse Robustheit haben.

Dann geht es weiter im Value Stream: Aus den Kenntnissen über den Produktionsprozess wird die „Verbesserung" für den Kunden abgeleitet, er genieße ein „hohes Maß an Sicherheit über den gesamten Prozess". Hier könnten zwei Dinge gemeint sein: einmal der Prozess, dieses Projekt umzusetzen, und zum anderen der Produktionsprozess als solcher. Aufgrund der Aufgabenstellung ist von zweitem die Rede. Der abgeleitete Nutzen für den Kunden ist die „höhere Anlagenverfügbarkeit OEE" (als bei der bisherigen Lösung). Und als Kundenteilziel wird „Höherer Output" angegeben.

Hier kann man gut sehen: Es ist natürlich ein Ziel jedes Kunden, auf seiner Anlage künftig einen höheren Output an Gutteilen zu haben. Aber Kundenteilziele in der TVS-Matrix sollten ökonomische Zielstellungen sein, die inhaltlich und logisch zum Value Target passen. Solche Ungenauigkeiten sollten Sie verbessern.

Die Frage lautet also, welches ökonomische Ziel verfolgt der Kunde, das seinen Profit (aus dieser Anlage heraus) steigert? Natürlich könnte man aus dem Nutzen (höhere OEE) ableiten, dass der höhere Output als solcher zu mehr absolutem Profit führt, da eine höhere absatzfähige Menge vorhanden ist. Aber solche Ableitungen sind immer riskant, da sie bei einer Darstellung wie in Abb. 4.21 aufgrund ihrer Unklarheit Irritationen erzeugen könnten.

In Analogie könnte man hier z. B. an die Umsatzrendite (auch: Umsatzrentabilität; englisch: Return on Sales, ROS, Operating Profit Margin) denken. Streng genommen ist die Umsatzrendite ja eine betriebswirtschaftliche Kennzahl und bezeichnet das Verhältnis von Gewinn zu Umsatz innerhalb einer Rechnungsperiode. Aber man könnte sich ja fragen: Welche Faktoren bilden zusammengenommen den Profit, den Gewinn, den die Anlage erwirtschaftet? („Gewinn" ist natürlich ein weit gefasster Begriff und bedarf im Controlling einer genaueren Definition. Aus Gründen der Praktikabilität wäre eine klare Definition von Fall zu Fall sinnvoll, was nicht heißen soll, dass der allgemeine Begriff „Gewinn" schlecht wäre. Im Gegenteil. Man sollte nur klären, was er bedeuten soll.)

Hintergrundinformationen
OEE = Overall Equipment Effectiveness. Dazu gehören Standardkennzahlen wie Verfügbarkeit, Performance und Qualität.

Erläuterungen zu Abb. 4.22 Beispiel: Maschinen- und Anlagenbauer

TVS Arbeitsebene 2 Das Value Target lautet „Kosten senken". In Abb. 4.22 laufen alle Value Streams parallel zueinander bis zum Value Target durch. Hier sehen Sie, im Gegensatz zum vorigen Beispiel, dass die ökonomischen Teilziele des Kunden sauber definiert sind. Ist einmal dieser Stand erreicht, könnte man tiefer in die jeweiligen Kundenteilziele einsteigen und versuchen, diese zu bewerten. Um wie viel Prozent lassen sich etwa die Stückkosten reduzieren? Um wie viel Prozent lassen sich die Personalkosten senken? Wenn Sie dazu Angaben machen können, z. B. aus vergleichbaren, früheren Projekten, dann ist dies grundsätzlich gut.

Hinweis auf grundsätzliche Aspekte von TVS
Wichtig bei der Angabe von Zahlen ist natürlich, dass diese

a) eher konservativ berechnet sind
b) möglichst als „Korridor" angegeben werden (Ergeben Ihre Kalkulationen einen wahrscheinlichen Wert von z. B. 2,3 %, so ist es sicherlich sinnvoller, etwa von

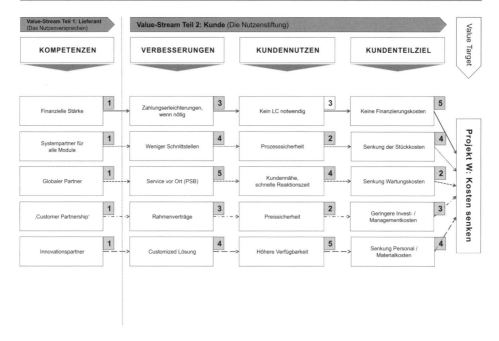

Abb. 4.22 Arbeitsebene 2, Projekt W, Value Target: Kosten senken

1,5–2,3 % zu sprechen als von genau 2,3 % oder nach oben hin mehr zu verspre-
chen. Der Kunde hört meist das für ihn Vorteilhafteste und möchte das dann
auch haben.)

c) dass Sie diese in einer Weise kommunizieren, auf die Sie der Kunde nicht
„festnageln" kann. Dabei geht es nicht darum, dem Kunden womöglich falsche
Angaben zu machen, um daraus einen Vorteil zu ziehen. Es geht vielmehr darum, dass Ihre Angaben so genau wie möglich sind, Sie aber letztlich auch nicht
genau sagen können, wie sich bestimmte Parameter in der konkreten Situation entwickeln. Wenn die Maschine dann läuft, wird man es sehen und messen
können. Der Kunde soll aber aus Ihrer Erfahrung und vergleichbaren Projekten
sehen können, in welche Richtung es gehen kann.

Erläuterungen zu Abb. 4.23 Beispiel: Maschinen- und Anlagenbauer

TVS Arbeitsebene 2 Das Value Target lautet „Umsatz erhöhen". In Abb. 4.23 sieht man, dass
aus einer Kompetenz vier Verbesserungen für den Kunden abgeleitet werden können.

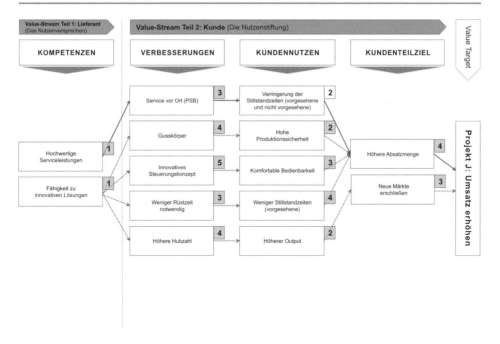

Abb. 4.23 Arbeitsebene 2, Projekt J, Value Target: Umsatz erhöhen

Hinweis auf grundsätzliche Aspekte von TVS

Grundsätzlich gibt es keine Grenzen bei der Entwicklung von Value Streams, die in der Anzahl der „Kompetenzen" begründet wäre. In unserem Beispiel ist die „Kompetenz" auch relativ breit formuliert, und so ist es leicht, gleich mehrere „Verbesserungen" und aus diesen wieder Kundennutzen abzuleiten.

In der Praxis hat sich gezeigt, dass es je nach Lieferantenunternehmen etwa 30–80 „Kompetenzen" gibt, die immer wiederkehrend sind. Diese sind meist allgemeinerer Natur. Im einzelnen Projekt muss immer nach echten Differenzierungen gesucht werden, und wenn es nur *eine spezielle Unterlegscheibe ist.*

Die Gefahr besteht, dass man sich auf eine Auswahl von „Kompetenzen" festlegt und dann keinen Blick mehr hat für vielleicht ungewöhnliche „Kompetenzen", die gerade in diesem Projekt sinnvoll wären, nach vorne zu bringen.

Wenn man trotz gründlicher Überlegungen keine „Kompetenzen" findet, durch die man sich auch von seinen Wettbewerbern unterscheidet, wenn es nicht gelingt, echten Nutzen zu stiften, dann wird man sich auf einen Preiskampf einstellen müssen – wenn man das will.

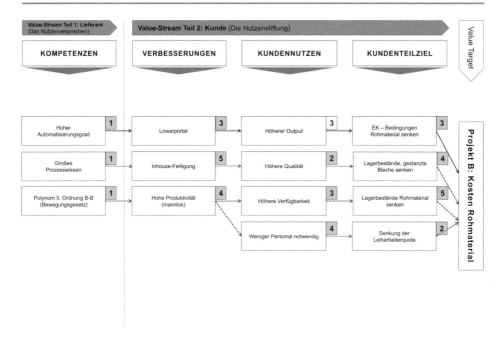

Abb. 4.24 Arbeitsebene 2, Projekt J, Value Target: Kosten Rohmaterial senke

Erläuterungen zu Abb. 4.24 Beispiel: Maschinen- und Anlagenbauer

TVS Arbeitsebene 2 Das Value Target lautet „Kosten Rohmaterial senken".

Hinweis auf grundsätzliche Aspekte von TVS

Hier kommt eine kleine Neuerung in die Arbeitsweise mit der TVS-Matrix. Es ist nicht mehr von „Kosten" als solchen die Rede, sondern von „Kosten Rohmaterial". Bei den Value Targets können Sie ohne weiteres für solche spezifischen Ziele die Value Streams erarbeiten. Je spezifischer, desto besser. Wichtig ist nur, dass diese spezifische Vorgehensweise auch sinnvoll ist. Es kann ja durchaus sein, dass Sie wissen, bei diesem Kunden spielt das Thema „Kosten der Rohmaterialen" eine wichtige Rolle innerhalb der Wertehierarchie bestimmter Entscheider oder für das gesamte Unternehmen. Also muss diesem Thema auch nachgegangen werden.

TVS will keine Analytik sein, die ihre Berechtigung aus sich selbst heraus gewinnt, nur weil man damit bestimmte Dinge machen kann. Vielmehr sollte die Arbeitsweise damit so angelegt sein,

- dass erfolgversprechende Analysen durchgeführt werden,
- dass Umsatz-, Rendite- oder Kostensenkungspotenziale aufgefunden werden,

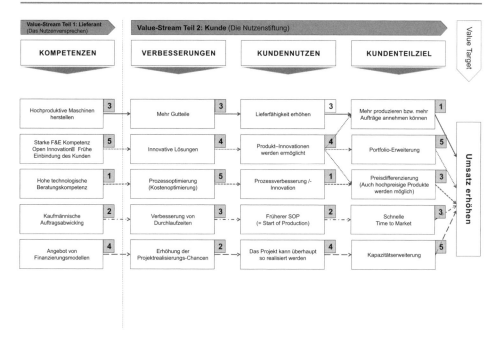

Abb. 4.25 Arbeitsebene 1, Value Target: Umsatz erhöhen

- dass die Ergebnisse daraus zur weiteren Klärung der Wertehierarchie bei bestimmten Entscheidern beitragen oder
- dass bei Präsentationen oder Angeboten klare Zusammenhänge und Aussagen über den Wertbeitrag des eigenen Unternehmens gemacht werden können.

Erläuterungen zu Abb. 4.25   Beispiel: Maschinen- und Anlagenbauer

TVS Arbeitsebene 1   Das Value Target lautet „Umsatz erhöhen".

Hier haben wir nun ein anderes Arbeitsteam, das sich denselben Aufgabenstellungen, jedoch mit anderen Projekten, angenommen hat.

Hinweis auf grundsätzliche Aspekte von TVS

In dieser Gruppe gab es eine interessante Beobachtung. Üblicherweise werden die Value Streams von links nach rechts erstellt. Man arbeitet von den „Kompetenzen" ausgehend zum „Value Target" hin.

Wenn dieser Prozess zum Stocken kommt, dann ist es hilfreich, den Arbeitsprozess umzukehren. Man geht also von den „Kundenteilzielen" her rückwärts vor und

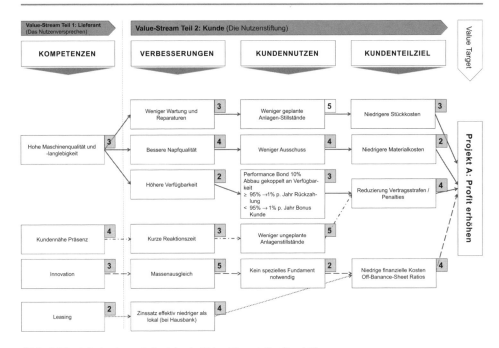

Abb. 4.26 Arbeitsebene 2, Projekt A, Value Target: Profit erhöhen

könnte bei einem gegebenen Value Target „Umsatz erhöhen" etwa die beiden klassischen ökonomischen „Kundenteilziele" „Höherer Preis pro Stück" oder „Größere Absatzmenge" anlegen. Von dort aus ginge es dann weiter mit der Frage: „Welchen Nutzen müssten wir stiften, damit der Kunde einen höheren Stückpreis realisieren kann?" usw.

Also: Wenn Sie bei der Erstellung der TVS-Matrix ins Stocken geraten: Wechseln Sie einfach die Arbeitsrichtung. In unseren Workshops zu TVS ergeben sich daraus immer wieder überraschende und oft sehr sinnvolle, ergiebige Ideen.

Erläuterungen zu Abb. 4.26 Beispiel: Maschinen- und Anlagenbauer

TVS Arbeitsebene 2 Das Value Target lautet „Profit erhöhen".

Dies ist ein gutes erstes Beispiel dafür, wie mit konkreten Zahlen in TVS gearbeitet werden kann.

Hinweis auf grundsätzliche Aspekte von TVS

An dieser Stelle möchte ich auf den Aspekt des Systematischen, Planmäßigen bei der Verkaufsarbeit ein wenig eingehen.

Es ist eine Erfahrungstatsache, die sich bei unseren eigenen Analysen von Sales-Mannschaften, aber auch gestützt durch zahlreiche wissenschaftliche Untersuchungen und Befragungen zeigt: Nur eine geringe Anzahl von etwa drei bis max. zehn % der Sales-Mitarbeiter und Sales-Führungskräfte können für sich in Anspruch nehmen, wirklich hervorragend in ihrer Arbeit zu sein. Es handelt sich um Personen, die sehr verlässlich auf einem Top-Level agieren und gesetzte Ziele selbstständig verwirklichen. Die große Mehrzahl hingegen, etwa 80–90 %, liegt im mittleren Leistungsfeld. Eventuell lassen sich ein paar wenige davon noch durch intensives Coaching und gute Führung zu mehr Selbstständigkeit bewegen. Die anderen befinden sich vielleicht in einer individuellen beruflichen Neuorientierungsphase, weil sie aus unterschiedlichsten Gründen für Sales-Aufgaben nicht mehr geeignet sind oder selbst das Interesse daran verloren haben.

Das bedeutet: Eine rationale und effiziente Vertriebssteuerung hat von der Tatsache auszugehen, dass zumindest neun von zehn Außendienstmitarbeitern (dasselbe gilt für den Innendienst) die vorgegebenen Endergebnisse nicht auf eigene Initiative hin erreichen. Diese Einschätzung bestätigt übrigens jeder Sales-Manager, der seine Vertriebsmannschaft realistisch bewertet. Es gibt nur wenige, sehr wenige Ausnahmen.

Aus den verschiedensten Gründen kommt unter den gegenwärtigen Umständen, in denen die meisten Unternehmen ihre Verkaufsarbeit machen, alles Systematische und Planmäßige viel zu kurz. Dabei läge dort aus den genannten Gründen das größte Potenzial für eine positive Entwicklung. Vertriebsingenieure, Verkäufer, Sales-Reps, KAMs – wenn man mit ihnen spricht, erzählen fast alle dasselbe: Nein, einen Sales-Prozess im Großkundenbereich gäbe es nicht, auch keine erfolgsrelevanten Tools … das CRM und sein Pflegeaufwand – Gott allein wisse, wozu, bringe einen schon an die Grenzen …

Dabei liegen im Verkauf die größten Reserven; die meisten Unternehmen haben in den letzten Jahren gut reagiert und ihre Kostenprobleme gelöst. Allein die Wachstumsthemen, allen voran die Professionalisierung des Vertriebs, befinden sich nach wie vor meist auf einem recht unentwickelten Stand.

Erläuterungen zu Abb. 4.27 Beispiel: allgemein

TVS Arbeitsebene 3 Das Value Target lautet „ROI erhöhen".

ROI = Return on Investment. Der ROI ist eine wichtige und weit verbreitete Kennzahl (bzw. ein ganzes Kennzahlensystem). Sie beantwortet die Frage, in welchem Bezug die erwarteten Erträge mit den dafür notwendigen Investitionen stehen. Eine Frage, die sich jeder

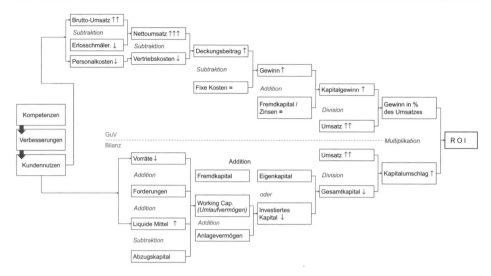

Abb. 4.27 Arbeitsebene 3, Value Target: ROI erhöhen (Diese Abbildung können Sie hoch auflösend auf unserer Homepage als PDF herunterladen: www.truevalueselling.de)

Käufer von Maschinen und Anlagen selbstverständlich stellt. Der ROI setzt sich aus Umsatzrentabilität multipliziert mit der Umschlagshäufigkeit des Gesamtkapitals zusammen.

$$\frac{\text{Gewinn}}{\text{Umsatz}} \times \frac{\text{Umsatz}}{\text{Gesamtkapital}}$$

Durch diese Erweiterung gegenüber der sog. „Gesamtkapitalrentabilität" lassen sich im Controlling besser Veränderungen der Werttreiber verfolgen. Bei Simulationen können Auswirkungen auf den ROI durch Veränderungen in Teilbereichen (z. B. Umsatz, Deckungsbeitrag oder Bestände) besser sichtbar gemacht werden.

Return heißt „Rückfluss"; das eingesetzte Kapital muss also einen Rückfluss erwirtschaften, sonst wäre es nur eine Ausgabe, keine Investition. Und das ist bei allen Investitionen so, sie müssen einen Rückfluss erwirtschaften.

Damit wird deutlich, welche fundamentale Bedeutung es haben kann, über diesen Rückfluss und wie er zustande kommt bzw. kommen soll Bescheid zu wissen. Dies gilt nicht nur für denjenigen, der investiert, sondern auch für den Lieferanten, der das Investitionsgut liefert. Für einen hochkarätigen Vertrieb ist es geradezu von entscheidender Bedeutung, auch diese Dinge zu untersuchen und Antworten zu entwickeln.

Manchmal wird von Vertriebsleitern und Geschäftsführern formuliert, der Verkauf spräche immer dieselben Entscheider, immer denselben Personenkreis an; man würde sich wünschen, andere, vor allem hochrangigere Gesprächspartner würden gefunden und zu diesen ein guter Kontakt aufgebaut werden. Es ist aber typisch für Personen bestimmter Hierarchieebenen, dass diese „zahlengetrieben" sind. Man braucht also eine andere Story für sie. Die Anwender sind sehr zufrieden mit den Schilderungen zur Leistungsfähigkeit eines Produktes, einer Maschine oder eines Logistikkonzeptes. Die wirtschaftlichen Entscheider sind dies meist nicht. Dies nur, um den Zusammenhang zwischen bestimmten Spitzenambitionen und dem dafür nötigen Gepäck zu zeigen.

Wie arbeitet man nun bei TVS mit dem ROI-Baum? Im Grunde unterscheidet sich die Arbeitsweise nicht von der vorher gezeigten: Die Aufgabe lautet auch hier: Wie sehen die Wertketten aus, die letztlich zu dem Value Target „ROI erhöhen/möglichst hoch gestalten" führen?

Der ROI-Baum ist aus dem sog. „Dupont-Schema" abgeleitet. Es handelt sich bei beidem um eine finanzielle Kennzahlensystematik, die entwickelt wurde, weil man ein geschlossenes Kennzahlenmodell wollte, das in der Lage war, sich gegenseitig bedingende Zielgrößen abzubilden. Es ist das älteste Kennzahlsystem der Welt und bis heute auch eines der bekanntesten und wurde bereits 1919 von dem amerikanischen Chemiekonzern Du Pont de Nemoursand Co. entwickelt.

Mit Kennzahlensystemen befassen sich normalerweise Unternehmensfunktionen wie das Controlling und Unternehmensebenen wie die Geschäftsleitung. In TVS spielt die ROI-Betrachtung auf der dritten Durchdringungsebene deshalb eine große Rolle, weil damit ein Zugang gelegt wird in die finanziellen Zusammenhänge der Wertschöpfung eines Kundenunternehmens.

TVS ist eine praktisch anwendbare Verkaufsmethodik; daher sollte sie auch nicht aus der Controlling-Philosophie, sondern mit den Augen des KAM/GAM betrachtet werden. Die Frage, die dahinter steht, lautet also: Was braucht der Vertrieb, damit er, wenn es um Zahlen geht, noch erfolgreicher agieren kann?

Beim Preis geht es natürlich immer um Zahlen; für Lieferanten leider meist in der Weise, dass ihr Angebotspreis reduziert werden soll. Das ist aber nur eine und sowohl für den Lieferanten als auch seinen Kunden die am wenigsten lukrative Weise, auf Zahlen bei der Wertschöpfung im Beschaffungsprozess zu schauen. Das, was durch die Reduzierung des Einstands- oder Einkaufspreises an wirtschaftlichem Nutzen für den Kunden geschaffen wird, ist häufig ein verschwindend geringer Anteil dessen, was bei einer auf gegenseitige Wertschöpfung bedachten Vorgehensweise erreicht werden könnte.

Hintergrundinformationen
Weiter vorne wurde bereits eines von vielen Beispielen für die Wirksamkeit von TVS erwähnt; darin wurde erläutert, wie bei 1 Mio. Investition (Maschinenpreis) für einen Kunden durch die wertschöpfende Betrachtung mit TVS ca. € 400.000,00 an direkten Kostensenkungspotenzialen gefunden wurden, die natürlich die Verhandlungssituation des Lieferanten vollständig veränderten.

Wie man mit dem ROI-Baum in TVS arbeiten kann: Alle in dieser Systematik genannten Einzelkennzahlen könnten in einem konkreten Kundenprojekt auch das Value Target bilden. Und de facto ist ja auch „Profit" (Gewinn, z. B. als „Deckungsbeitrag minus Kosten") eine der drei Hauptperspektiven bei TVS neben Umsatz und Kosten. Die im ROI-Baum genannten Kennzahlen lassen sich alle diesen drei Hauptperspektiven zuordnen.

Ob und welche der Kennzahlen zum Value Target wird, hängt einzig von der Bedarfsklärung im Projekt ab. Wie bei den Kompetenzen auch, die entweder recht allgemein formuliert sein können, wenn dies sinnvoll ist, oder extrem detailliert, so können dies auch die Value Targets sein. Welcher Detaillierungsgrad der richtige ist, entscheidet einfach der ermittelte Kundenbedarf im konkreten Projekt.

Wie man den ROI-Baum innerhalb von TVS liest: Auf der linken Seite stehen, wie gehabt,

1. die Kompetenzen,
2. die Verbesserungen,
3. die Kundennutzen,

die Sie in der Lage sind herzustellen. Dann folgen in unserer Abbildung eine Reihe von Finanzkennzahlen, die schließlich im ROI enden. Diese Zahlen entsprechen im oben dargestellten ROI-Baum einfach den „Kundenteilzielen" in TVS.

Hintergrundinformationen
Wie gesagt, jede dieser Zahlen könnte auch selbst als Value Target fungieren, wenn sich dies aus der Bedarfsermittlung und der damit verbundenen Nutzenerwartung des Kunden in diesem Projekt, so ergäbe.

Am Anfang ist es sinnvoll, die ersten drei Spalten (Kompetenzen, Verbesserungen und Kundennutzen) einfach an den ROI-Baum anzubauen und die sich ergebenden Value Streams nach den Regeln der Stringenz, Logik und Robustheit zu überprüfen.

Mit dieser Vorgehensweise werden die grundlegenden Zusammenhänge zwischen einigen sehr wichtigen Kennzahlen, die letztlich den ROI bilden, klar. Ein Verkauf auf hohem Niveau im KAM oder GAM muss diese Zusammenhänge, wenigstens grob, kennen. Wie sollen sonst wirtschaftliche Entscheider oder Mitglieder des Buying-Centers mit wirtschaftlich relevanten Funktionen (wie z. B. Einkäufer, Standortleiter etc.) gewonnen werden?

Immer wieder wird bei unseren Workshops zu TVS gesagt, dass es doch schön wäre, man hätte das Zahlenmaterial, diese Elemente, die hier als Kundenteilziel(e) fungieren, zur Verfügung und könnte dann den ROI konkret ausrechnen und dem Kunden nennen.

Das wäre natürlich schön, wird aber in der Masse der Verkaufsprojekte nicht möglich sein und ist eigentlich, aus verkäuferischer Sicht, auch nicht unbedingt notwendig, um mit dieser Herangehensweise erfolgreich zu sein. Dies hat sich bei vielen Projekten, die wir begleitet haben, immer wieder gezeigt. Es ist in den allermeisten Fällen völlig ausreichend und führt zum Erfolg, wenn der Kunde versteht, dass der Lieferant ihn bei diesen Zielen wirklich unterstützen kann. Dies versteht er zunächst einmal dadurch, dass er diese Blickrichtung beim Lieferanten überhaupt wahrnehmen kann, dass er eine kompetente Analyse der eigenen Wertschöpfungsprozesse und das Interesse dafür sieht.

Bei wenigen, vielleicht sogar gezielt zu kreierenden Verkaufsprojekten, bei denen seitens des Lieferanten ein hohes Interesse an einer strategischen Partnerschaft mit dem Kunden besteht und auch intern die Möglichkeiten dafür vorhanden sind, sollte hingegen aktiv darauf hingearbeitet werden, dass in bestimmten Projekten auch diese Zahlenklarheit hergestellt wird. Sie kann die Grundlage für eine echte strategische Partnerschaft bilden, die ja im Wesentlichen auf der Grundlage einer teilweise gemeinsamen Wertschöpfungsarchitektur besteht.

Erfahrungsgemäß hat man es immer mit vielen Unbekannten zu tun, wenn man solche Zahlen haben möchte. Auch kennt nicht jeder Controller oder Geschäftsführer jede Finanzkennzahl seines Unternehmens. Im Verkaufsverhalten des Lieferanten aber zu erkennen, dass es ihm um die Wertschöpfung seines Kunden geht und er dazu einen aktiven Beitrag leisten kann, ist aus verkäuferischer Sicht zunächst einmal das Entscheidende.

Dennoch, es lassen sich ja Zahlen aus vergleichbaren Projekten und mithilfe des eigenen Controllings generieren. Bei unseren eigenen TVS-Projekten in Unternehmen ist es immer eine große Hilfe für die Vertriebsmitarbeiter, einen Controller/Business Development Manager (am besten mit Frontend-Funktionen) für die dritte Durchdringungsebene von TVS hinzuzuziehen.

Hintergrundinformationen
Diese ist durch die Betrachtung einzelner Finanzkennzahlen bzw. Kennzahlensystematiken wie ROI oder EVA gekennzeichnet.

Das, was sich kommunizieren muss, wenn man diesen Verkaufsansatz wählt, ist die Kompetenz, die Wertschöpfungsprozesse zu verstehen, weniger, dass man jede einzelne Zahl angeben kann. Nur wenn dieses Verständnis gesehen wird, wird dem Lieferanten ja auch zugetraut, dass er ernsthafte und wirksame Lösungen in dieser Hinsicht anbieten kann.

Und wenn der Kunde das wünscht, so spricht ja nichts dagegen, echte Zahlen einzusetzen; umso besser! Es liegt dann an ihm, in eine enge Kooperation zu gehen und diese Zahlen zu liefern.

Erläuterungen zu Abb. 4.28 Beispiel: allgemein

TVS Arbeitsebene 3 Das Value Target lautet „EVA erhöhen".

EVA = Economic Value Added. Das Konzept des Economic Value Added orientiert sich am sog. Unternehmenswert und ist damit dem Shareholder-Value-Ansatz verwandt. Es ermöglicht, den Wertbeitrag einzelner Bereiche oder Projekt zu messen.

Die Ziele von EVA sind:

1. Die Wiedergabe der ökonomischen Leistungsfähigkeit und Wertentwicklung eines Unternehmens,
2. die Trennung von operativem Ergebnis sowie von Investitions- und Finanzierungsentscheidungen,
3. die Förderung von nachhaltigem wertsteigerndem Entscheidungsverhalten über ein entsprechendes Vergütungssystem.

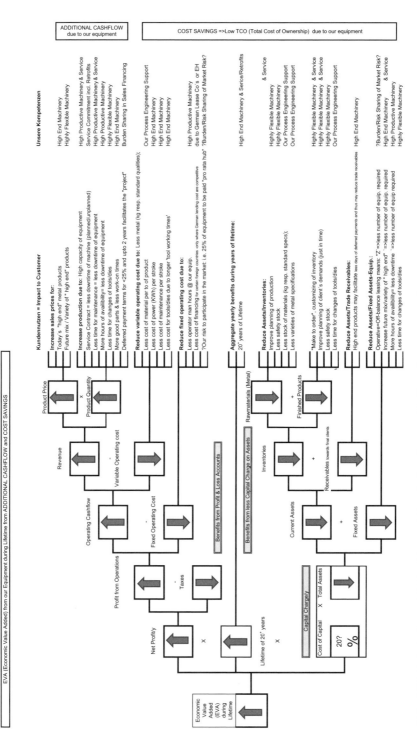

Abb. 4.28 Arbeitsebene 3, Value Target: EVA erhöhen (Diese Abbildung können Sie auf unserer Homepage: www.truevalueselling.de als pdf-Datei herunterladen.)

Abb. 4.29 EVA – Economic
Value Added

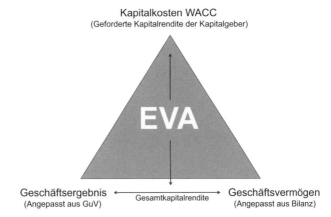

Zusätzlicher ökonomischer Gewinn (Economic Value Added) wird geschaffen, wenn ein Unternehmen einen „Übergewinn" in dem Sinne erwirtschaftet, dass der Gewinn mindestens die Finanzierungskosten des Eigen- und Fremdkapitals erwirtschaftet hat. Dieser Übergewinn ist gleichbedeutend mit der Forderung nach einer Mindestrendite für die Aktionäre.

EVA setzt sich, ähnlich wie der vorne gezeigte ROI-Baum nach dem Dupont-Schema, aus verschiedenen einzelnen Kennzahlen zusammen.

Erläuterungen zu Abb. 4.29 Beispiel: allgemein

TVS Arbeitsebene 3 Das Value Target lautet „EVA erhöhen".

Auch hier gibt es zwei Seiten, die betrachtet werden: einmal das Geschäftsergebnis und wie es zustande kommt, zum anderen das Geschäftsvermögen und wie es sich zusammensetzt.

Wie man mit dem EVA-Baum in TVS arbeiten kann: Für die Arbeitsweise mit dem EVA-Baum gelten, analog zum ROI-Baum, alle oben dazu gemachten Erläuterungen (s. Abb. 4.27).

EVA ist deswegen interessant für TVS, weil es die Shareholder-Perspektive in die Betrachtung bringt. Je höher Sie in der Hierarchie Ihres Kundenunternehmens gehen – und vorausgesetzt natürlich, es gibt dort überhaupt Shareholder –, desto bedeutsamer wird diese Perspektive, wenn Sie den Wertbeitrag Ihres Unternehmens dort platzieren und wahrnehmbar machen wollen.

Davon abgesehen sind die einzelnen Kennzahlen natürlich wichtige Elemente, die Ihren Wertbeitrag beschreiben können. Und falls diese für den Kunden wichtig sind, lassen sie sich jederzeit zu einem Value Target machen, das Sie – ausgehend von Ihren Kompetenzen – über die dadurch geleisteten Verbesserungen für den Kunden, die unterschiedlichen Nutzen und die Kundenteilziele, herleiten.

3   Kleine Gebrauchsanweisung

Wenn Sie bis hierher gekommen sind, dann haben Sie die Methodik des True Value Selling gelesen und verstanden. Wie kann es nun weitergehen?

Legen Sie sich am besten einen Baukasten an, um einmal eine TVS-Matrix aufzubauen. Dazu brauchen Sie nicht viel:

1. Moderationskarten in der Größe A6 oder A5
2. Kartonstreifen
3. Kartondreiecke
4. Einen schwarzen Marker (z. B. Edding Größe 330)

Hintergrundinformationen
Die meisten Unternehmen, mit denen wir TVS erarbeiten, gehen so vor. Viele schaffen sich dann ein Excel-Tool und entwickeln, darauf aufbauend, IT-Tools, mit denen sie schnell die Value Streams innerhalb einzelner Projekte erstellen und kommunizieren können.

Fertigen Sie zuerst die Überschriften an:

Kompetenzen | Verbesserungen | Kundennutzen | Kundenteilziele | Value Target

Befassen Sie sich dann mit der ersten Durchdringungsebene und bauen Sie auf den Kompetenzen Ihres Unternehmens/Ihrer Abteilung die Value Streams auf.

Dann gehen Sie auf die zweite Ebene und tun dasselbe für ein konkretes Projekt.

Am Schluss befassen Sie sich mit finanziellen Kennzahlen bzw. Kennzahlensystemen. Bilden Sie zuerst die Value Streams für den ROI-, dann für den EVA-Baum. Danach tun Sie dasselbe für ein konkretes Projekt.

Die gewonnenen Erkenntnisse arbeiten Sie dann in Ihre Verkaufsargumentation ein, unabhängig davon, wo diese stattfindet, sei es in einem Verkaufsgespräch, bei einer Präsentation oder in der Management Summary eines Angebotes.

4   Schlusswort

Ich hoffe, Sie und Ihr Unternehmen profitieren von True Value Selling so, wie es schon viele seit 2002, als wir diese Methodik entwickelten, bei ihren Großkunden, Key Accounts und Global Accounts tun. Und nicht nur die Lieferantenseite tut dies, auch die Kundenseite profitiert davon, jedoch ohne die Verkaufspreise der Lieferanten unter starken Druck zu setzen. TVS ist eine auf gegenseitigen Nutzen angelegte Methodik zur Analyse von Wertschöpfungsprozessen und bildet damit die Grundlage für strategische Partnerschaften, bei denen gemeinsame Wertschöpfungsarchitekturen betrieben werden.

In diesem Sinne wünsche ich Ihnen bei der Anwendung von True Value Selling den größten Erfolg und viel Freude!

Literatur

Porter, M. 1985. *Competitive Advantage: Creating and Sustaining Superior Performance.* New York:
    Free Press.

Printing: Ten Brink, Meppel, The Netherlands
Binding: Ten Brink, Meppel, The Netherlands